创造青春之中国

走近李大钊

创造青春之中国

走近李大钊

创造青春之中国

走近李大钊

陈耀辉 著

吉林人民出版社

出 品 人：常　宏
总 策 划：吴文阁
选题策划：赵　岩
责任编辑：王一莉
装帧设计：宁荣刚　上层品牌

图书在版编目（CIP）数据

创造青春之中国：走近李大钊 / 陈耀辉著. -- 长春：吉林人民出版社，2021.10
ISBN 978-7-206-18403-1

Ⅰ. ①创… Ⅱ. ①陈… Ⅲ. ①李大钊（1889-1927）—生平事迹 Ⅳ. ①K827=6

中国版本图书馆CIP数据核字(2021)第207639号

创造青春之中国：走近李大钊

著　　者　陈耀辉
出版发行　吉林人民出版社（长春市人民大街7548号 邮政编码：130022）
咨询电话　0431-85378007
印　　刷　吉林省吉广国际广告股份有限公司
开　　本　787mm × 1092mm　1/16
印　　张　18.5
字　　数　200千字
标准书号　ISBN 978-7-206-18403-1
版　　次　2021年10月第1版
印　　次　2023年5月第2次印刷
定　　价　58.00元

鐵肩擔道義
妙手著文章

守常李大钊

用青春之我，创造青春之中国

序言

青春之美是初心

岁时已到了一年将尽的腊月，转眼又是“春日载阳，东风解冻”的青翠光景。远眺山川，追怀过往，思及祖父《青春》之文，想象着浑厚的气机从心灵血脉之中蓬勃而起，仿佛浩荡的季风，弥漫于天地之间。这是人间的正气，这是中国共产党的优秀儿女代代传承的巨大能量。宇宙的青春，中国的青春，每个家庭的青春，万物资始，百业待兴，这最纯净、最幽美的起点，正是中国共产党人矢志不渝的初心。

今年是中国共产党百年华诞，全国各地都在举行庆祝活动，对革命先烈的纪念尤为隆重。

我第一次感受到自己是烈士后代，是从唐山到了北京。那是1960年，我上小学二年级，班里只有五个人加入了少先队，我是其中之一，因为老师说我是李大钊烈士的后人。我姑姑李星华1943年在延安发表的散文《十六年前的回忆》曾被收入小学语文课本。我读小学的时候，老师带着同学们为李大钊烈士扫墓，都要选这篇课文中的一段，进行集体诵读。那时候大家都对我投来羡慕的目光，我也倍感荣耀。

后来，年龄渐长，对爷爷的认识逐步加深，尤其是党的十一届三中全会以来，党中央对于李大钊烈士事迹的宣传更为重视。1979年10月29日，首都举行了“纪念李大钊同志诞辰90周年大会”和“李大钊同志诞辰90周年纪念展览”。1983年，李大钊烈士陵园落成。2009年10月29日，中共中央举办了纪念李大钊同志诞辰120周年座谈会，时任中共中央政治局常委、国家副主席的习近平同志发表重要讲话。他说：“李大钊同志的道德和操守非常崇高。在他身上，凝结着中华民族传统美德，体现着中国知识分子的优秀品格。他作风质朴，不驰于空想，不骛于虚声。他坚持真理，待人宽厚，团结同志，正如后人所赞誉的，‘没有宗派气，内外从如云’。他一生俭朴清廉，淡泊名利。……李大钊同志是一位真正的革命者，他的伟大人格和崇高风范，将永载中国共产党和中国人民革命斗争的史册。”

时隔十余载，记忆犹新。习近平总书记当年对李大钊烈士的高度评价，也为我指明了奋斗的方向。爷爷不仅是全党的楷模，也是我的榜样。对革命先烈的追忆，对我党奋斗历程的回顾，就像计算机一键复原程序一样，让每一位共产党员，都能牢牢地记住当年的使命、最初的心愿。

爷爷的散文《青春》见景生情，从个人到国家，从人类到宇宙，以汪洋恣肆的笔墨，表达了他的人生观与世界观，这是他的哲学，也是他的美学，是他大无畏精神的崇高基石。

值此中国共产党百年庆典来临之际，我可以告慰爷爷，在以习近平同志为核心的党中央领导下，九千万党的儿女继承先烈的遗志，不忘初心、牢记使命，正在奋发努力，让我们伟大的祖国更加繁荣富强，“永享宇宙无尽之青春”。以人民对美好生活的向往为奋斗目标，让老百姓过上好日子，“永享青春之幸福”。

为了庆祝中国共产党成立一百周年，陈耀辉同志正在撰写《创造青春之中国——走近李大钊》一书，为了订正一些史料，与我反复通信，详细商榷，甚至从长春冒着严寒来到北京，听我讲述爷爷的故事。耀辉同志是美学博士，他从美的角度，全新地看待党史资料，因此他笔下的李大钊烈士，作为中国共产党的领袖，不仅身份崇高，也不光是就义的英勇，还有日常中一言一行的美好，以及那些美好言行的由来与根源。让我觉得，这样的李大钊正是那个重情义懂得爱的父亲和爷爷，让人情不自禁地愿意亲近他，让人相信他是能够实现青春之家庭蓬勃兴盛、幸福美满的。也让我们这些没有机会做“大事业”的人，知道如何加入实现中国复兴之梦的洪流，做好日常的每一件小事，让自己的一言一行都有美感，让我们的国家、我们的社会更有青春的气象。

新书出版之前，耀辉同志送来样稿，请我作序。拜读之余，不胜感慨。片言只语，以表谢忱。

2021 年 3 月 1 日

（李建生，李大钊烈士之孙，中国化工流通协会原副会长）

引言

我是阿青。

为了隆重庆祝中国共产党建党100周年，吉林人民出版社计划推出系列纪念、献礼图书，其中《创造青春之中国——走近李大钊》分卷的担子，落在了我的肩上。

在搜集整理相关信息资料的时候，我遇到了一些有趣的，也可以说是引人入胜的人和事，我的内心世界几乎是被无限拓展开来，甚至我的灵魂也同时得到了升华，我的视野中呈现出既真切又新异的景象。掩卷而思，繁象绮丽，内心充实着闻道之后的欢欣。隔着百年的时空，与伟大人物的心灵相互映照，仿佛澄澈溪流中动物饮水的形影。

从起笔到完稿，虽然是短暂的阅历，却让我真正走近了李大钊，走近了他这样的一类人，也因此走进了现实生活。本以为距离我们很近的事物，其实已经被我们疏离很久了。

为了深入了解我党创始人之一李大钊的生平事迹，我虚心学习，检索请教，“人皆我师”的形象效应星动影摇，终于在互联网上结识了一位同道，网名“小春”。她和我一样喜欢党史，和我一样崇拜革命先烈。

小春称我为学长，言谈之间一见如故，不外道、不客气，直接给我推荐一位高人，网名“林下春深”，名下没有简介，个性签名却很有意思：“以仁心说，以学心听，以公心辨。”

荀子的这句话并不常见，感觉这是一位有国学根基的人。小春盛赞其人风趣高雅，思维机敏，且极善譬喻，纵使交谈简略，但是片言之间，仍然能够让人如在春林，坐而忘归。

小春自始至终都称他为“博士”，这样的称呼，连同恰如其分的寒暄，言语之间摇曳着亲密和敬重的神韵。

小春与“博士”绝对“很熟”，然而关于对方的身份并不完全知晓，这也是现代互联网独有的交往现象，完全改写了“认识”的概念。但是，只要是有“博士”先生谈理论道的场合，小春是一定要坐前排沙发旁听的。

本来我是觉得“林下春深”这个名字很有美感，即使简缩为“林下”或者“春深”也都是颇具意境的雅号，读来让人齿间留香的。但是小春的频繁称呼“博士”，却起到了信息强化的作用，这也是“截断众流”的力量吧，仿佛宣告归属一般，我也跟着称“博士”。

一番物竞天择之后，新的成了旗子，随风飘扬着；旧的成了背景，显得愈加风光。“博士”的格言是：“网络归网络，现实归现实。”

听了小春的好心叮咛，我心里不由得警醒起来，对这位“博士”先生，既想亲近，又想保持点儿距离。他对我有足够的引力，我却要保持自己的轨迹。这么一来自然而然地就形成了一种“敬”的氛围，仿佛一个大气层，无形无色地存在，挑拣着循环往复的信息。

然而出人意料的是，因为“李大钊”这个谈话主题，本来在初次交往中我小心寻找的“门”和“径”，与“墙”和“城”一起消失了，尤其是相互坦诚地交换意见表明立场之后，严肃的礼节化作愉悦轻松，着眼处处，尽是美景。

原来博士早年曾经拜访过李大钊的故居，并且做了许多功课，他热切地对我和小春说：“你要换一种眼光看李大钊，换一种眼光看当年的革命家，把他们当作寻常人，把你自己整顿成为身心健全的人，然后从他们走过的道路上，尤其是生活小事上，细心发现非常之处，才能‘走近李大钊’。”

这就是很有趣的互联网上特有的交谈方式，他这样言说（其实是打字让我们阅读），我们必然会受到另外的相关因素的影响——“博士”和“林下春深”，相映成趣的新旧名号，如此一来，在我的头脑中势必出现这样的画面：春光明媚的丛林，峨冠博带的智者，灼烁飞扬的思想。诗一般的境界，相信所有的读者都会跟我一样深深感叹：典雅绚丽！

我诚心诚意地接受邀请，有幸来到“博士”的网上空间，一睹当代雅士的风姿华彩，来一场跨越时空的对话。博士的空间设置非常考究，既有符合成年人士身份的简约朴实，又有与阅历智识相掩映的盎然生趣。这是我所喜欢的。

美意有时候就是一种眼光。

博士给我推荐了一段他的随笔，那是他拜访乐亭的见闻：

深秋的华北平原，10月末11月初这段时间，村村场院之中，五谷丰登，高高扬起的谷粒，在夕阳的照耀下，此起彼落，百里连绵，仿佛金色的火焰，伴着欢快的锣鼓，演绎着勤劳的歌舞。唐山自古就有鱼米之乡的美誉，无际的田野，缤纷的植被，浪花上流动着的阳光，在蓝天白云之下，在青山与海水映衬之中，如诗如画的色调，既纯净，又浓烈。

“朝圣”的车轮，仿佛行驶在梦境里，仿佛驶入辉煌空远的水墨丹青，从唐山市区出发，一路向东、向南，大约行驶70公里多一点儿，1个小时左右，就到了乐亭古镇。乐亭县是李大钊的出生地，乐亭也因为他而举世闻名。

沿途迢递的景色，在视觉和情绪的混搭中叠加起来，仿佛琴箫和鸣，钟鼓琮琮，奔放的眼波跃入寂静的田野，20分钟的路程，一切突然舒缓下来，大黑坨村安静地呈现在我们的眼前，在广袤的华北平原与浩瀚的渤海之间。这里是伟大的马克思主义者、杰出的无产阶级革命家、中国共产党的主要创立者李大钊的故里。

清秀的山峦，澄澈的海水，悠扬的牧笛和渔歌，在恬静的光影荡漾中，正演绎一场金黄与翠绿、现实与往昔、梦想与追忆的声光的盛会。

李大钊故居的晚秋，优美而宁静。

一篇读罢，万籁俱静。

这段文字让我久久地出神。博士的原野景光，就像名家画笔描绘的自然界，那些再平常不过的事物，因为深情牵引着视线，便有了数不尽的发现。看见，说来轻巧，原来“看”真的不一定“见”。仿佛清澈之水浮载着美丽花瓣，悠远流淌。小春说：“博士的文笔，让人读了有一种归属的愿望，愿意留在他的境界里。”

我有深深的同感。每当思及我的祖辈我的亲人归于大化，很多美好都已经不复存在，却还有屋檐上的融雪淙淙流淌伴着明媚春光，和他们在的时候一样，于是就更觉得有太多的东西难以割舍和泯灭，不会随时光而去，以至历久弥新。

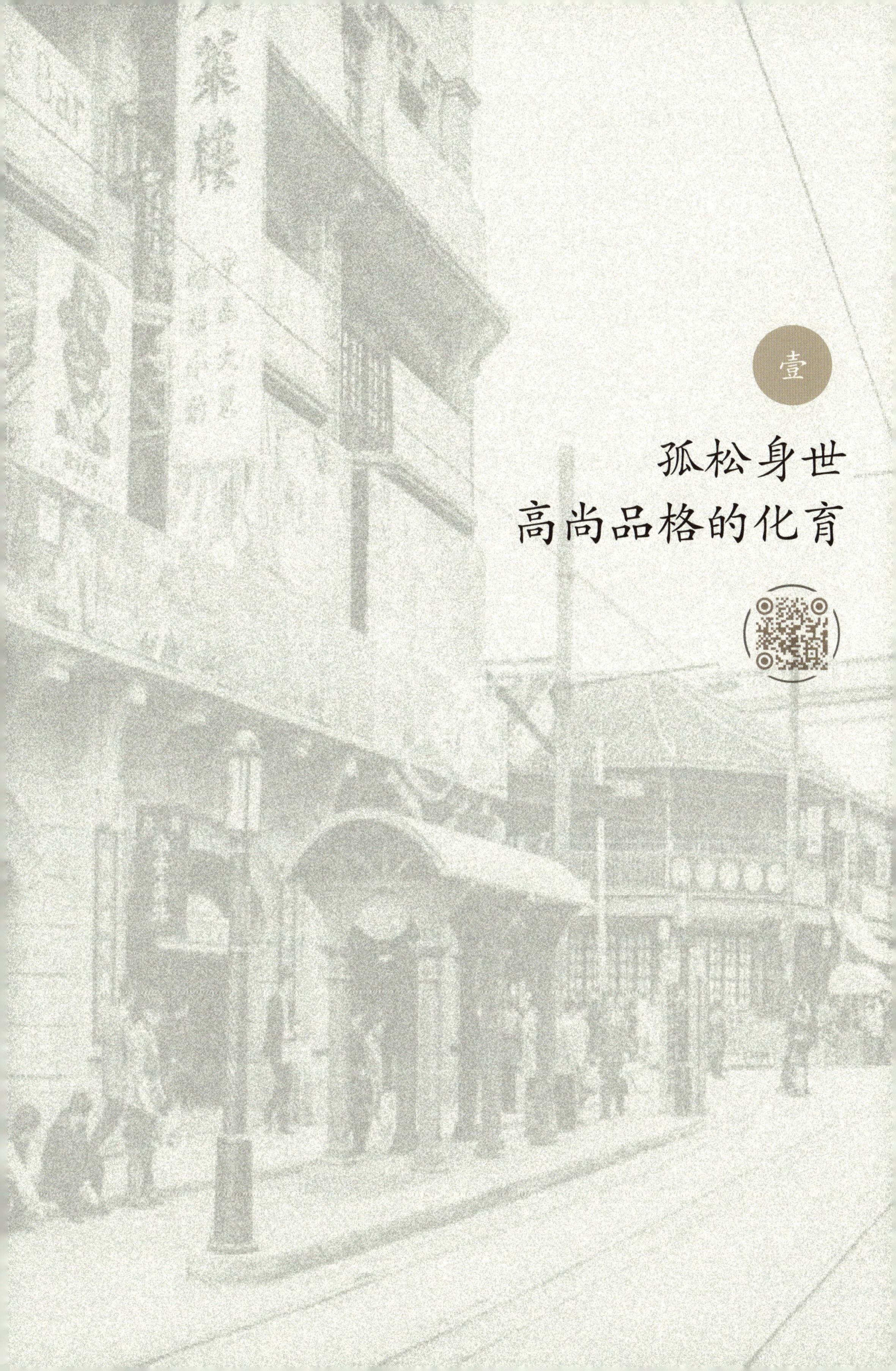

壹

孤松身世 高尚品格的化育

斟酌着电脑屏幕上的书稿，翻检着相关的图文资料，再应邀阅读“博士”先生空间的文字，满脑子错综的信息层层罗列起来，感觉就像仰望浩瀚星空，到处星光闪烁。河北昌黎县境内的五峰山，随着博士的恣意挥洒，在我的形象思维之域，沙画似的萌发、连绵起来：

磊磊的危岩，亭亭的松柏，须是瑞雪落过，好雨洗过，才能有这样的神姿仙态的质感。夏秋季节的五峰山，松竹蓊郁，涧水潺湲，正是避暑度假读书作文的绝好处所。还有最为令人惊叹的，深山的深处，险峰的顶端，那些扎根于岩石缝隙的于艰难中活出盎然生机的苍松。它们的坚韧与顽强、奇伟与瑰丽，最让人难以忘怀，让人难忘那位曾经以“孤松”做笔名的挽救中华民族命运的伟大青年。

乐亭自古就有崇尚文教的风俗，即便是穷人家，卖田卖地也要让子女尤其是男孩上学读书。《礼记·中庸》上说：“能尽物之性则可以赞天地之化育，可以赞天地之化育则可以与天地参矣。”先人开启的文明，经过代代传承，虽经千百年而不衰，这是良风美俗的力量。

“先驱好肝胆，松柏耐岁寒。”（陈毅《纪念李大钊同志殉难三十周年》）“孤松”是李大钊曾经用过的笔名，博厚的水土，悠远的人文，艰辛的家境，挚爱的亲人，造就了他抗压耐寒卓然出众的高尚品性。

李大钊是杰出的马克思主义者、无产阶级革命家、中国共产党的主要创始人之一。1889 年出生于河北省乐亭县大黑坨村，1927 年遇难时不满 38 周岁。李大钊可谓中国思想界的一颗巨星。其始也，一飞冲天，划破夜空，光焰万丈，世人敬仰；其逝也，举世扼腕，九州惊悼，江河呜咽，风云变色。而其英魄灵气，铁肩妙手，道义文章，则长存于红楼之巅与天地之间。中国共产党为有这样伟大的先驱者而自豪。如今，时值建党百年在即，我们学习大钊先生之精神，继承先生之遗志，紧密团结在以习近平同志为核心的党中央周围，为建设中国特色社会主义，实现中华民族伟大复兴而努力奋斗。以此告慰先生在天之灵，让先生之精神焕发时代生机。

李大钊的童年很不幸。在他出生前七个月，父亲就因病去世了，一周岁左右母亲又撒手人寰。这样的身世，怎一个“苦”字了得！倘若在今天，只要网上发个消息，肯定会有无数爱心人士伸出援手。可是，在 19 世纪末的中国，这是连想都不敢想的事。

但是作为一个孤儿，李大钊又是非常幸运的，因为他有一个最爱他、最开明、最刚直的爷爷。老人家对于乐亭李氏的优良家风，实在是有着继往开来的功德，直到今天，他所践行的为人处世原则对后世子孙乃至中国人民，都有着深远的影响。

李大钊的悲苦身世，也应了先贤孟子的一个论断：“天将降大任于斯人也，必先苦其心志，劳其筋骨，饿其体肤，空乏其身，行拂乱其所为，所以动心忍性，曾益其所不能。”这就是真积力久修成中流砥柱的必然结果。

话虽这样说，童年的李大钊和他贤德的爷爷，毕竟是太苦了，一想就让人心痛。

爷爷把他拉扯大，对他的关怀无微不至，非常尽心，生活上事必亲为，除了照顾他的日常生活，还想方设法让他开心，教他读书识字，给他找名师授业。同时，爷爷的一身正气，以及为人处世的好风格好

矗立在五峰山的李大钊烈士雕像

品德，对童年的李大钊都具有潜移默化的教育作用。这是不幸中的万幸，可以说，如果李大钊没有这样一位可敬可爱、见识超人的好爷爷，那么他的人生道路肯定是另一番样子，不要说能否成为革命领袖和思想文化大师，甚至能不能活下来都未可知。

正如博士所说，“在李大钊的心中，他的祖父就是一种永恒的存在，不是生命之永在，而是永远也不变的爱。如果说李大钊是一棵顶天立地傲视苍穹的青松，那么这位贤德的爷爷就是默默托起童年李大钊整个世界的浑厚博大的高山”。

第一次对话

博士空间的背景图应该是一幅油画吧，一个中西合璧的茶室内部，墙纸上是水木园林的风光，实木桌面上陶瓷壶与杯的叶子图案，仿佛从墙壁上延伸下来，随着视线的移动，空间豁然拓展开了，从茶杯到壁画，从花木到远山，从一个点漫向一个世界，仿佛我和小春都成了画中人。这是博士展示的意和境，是一种“欢迎”也是一次“小考”。而我要做的，便是努力让自己的言行配得上这样的环境，出入“博士”的意境而无碍，不骄不躁，有礼有节，让他感到愉悦，愿意倾心交谈。

阿青：博士先生您好！我是庆祝建党100周年系列纪念丛书《创造青春之中国——走近李大钊》的分卷主笔，关于在互联网时代如何增强党史故事的可读性方面，我花费了不少的心思，一直在探求既严肃又活泼的言说方式，经过好友小春的介绍，特地前来学习，还望先生不吝赐教！

博士：阿青太客气了，赐教万不敢当，我并非历史专业出身，对党史的研究水平尚且浅薄，只是因为个人兴趣，对此关注较多。阿青重任在肩，一定下过很多功夫的，我也希望能有关于李大钊先生的生平细节共同分享，相互交流观点，提高认识。

小春：我虽然是个外行人，但我个人感觉国内党史研究这么多年了，成绩固然可喜，但在很多领域还是有故事可深入挖掘的。

博士：嗯，不仅是党史，即便是中国史乃至世界史，也都存在这种情形。所以当代史学研究，逐渐开始重视各种迹象，例如比较史学，把专业学术研究引入应用轨道，这样更有意义和价值。说到迹象，“阿青”和“小春”的名字放在一起，就容易让人联想到李大钊的一篇文章。

阿青：您说的是《青春》吧，刊登在1916年9月1日《新青年》2卷1号。

小春：我印象很深，有些段落还能背诵下来。“以青春之我，创建青春之家庭，青春之国家，青春之民族，青春之人类，青春之地球，青春之宇宙，资以乐其无涯之生。”每当诵读这段，我都会感到热血沸腾，为青春之我而自豪呢。我的网名确实与此有关。

阿青：“吾族青年所当信誓旦旦，以昭示于世者，不在龈龈辩证白首中国之不死，乃在汲汲孕育青春中国之再生。”我的网名也与此不无关联。

小春：李大钊先生在100多年前就预言了青春中国之再生。就此而言，看我今日之中国，先生是真正的历史预言大师，是目光如炬的思想巨人。

博士：他是一位怀着伟大梦想的人，更是为梦想而努力奋斗的人。翻阅历史，追溯过去，就是为了要知道是什么让他成为这样的人，这就需要我们关注事情的初始状态和变化的节点。

阿青：是的，首先需要我们注意的就是他的童年。

博士：我认真追溯过李大钊的童年。现在关于他的传记作品不少，较之从前的教科书，已经详尽了很多。李大钊是“遗腹子”，唐山一带的方言叫“梦生儿”。有人考证，这“梦生儿”实际是由“墓生儿”演变而来，意思是还没等出生，父亲就过世了。所以他的父亲长什么样，他是一无所知的，因为他从来没有见过父亲。对于一个幼儿来说，这已经是很不幸了，可雪上加霜的是，在他还不到两周岁的时候，又失去了母亲。那时他还不记事，所以母亲长什么样他也不知道。你想想，一个没爹没娘的孩子要想顺利成长，谈何容易？

阿青：一个孤儿生逢乱世，这在现代人心目中，是绝难忍受的。

博士：是的。那个年代的人和现代人又有什么不同呢？人对苦乐的感受，都是亘古不变的。

阿青：这是落入苦海中的一家人啊。

博士：是的。因此爷爷就是他的救星。爷爷没有儿子，为了接续香火，把弟弟的次子李任荣过继为子。这就是李大钊的父亲。李任荣小时候刻苦读书，写得一手好字。15岁娶外村姑娘周氏为妻，这就是李大钊的母亲了。一家人日子过得本来挺好，可惜父亲患有肺病，当时又称“肺痨”，没有特效药，基本就是不治之症。而更不幸的是，屋漏偏遭连夜雨，1888年，也就是李任荣21岁那年，河北和东北发生大地震，余震持续了四五天，震中就在他们的家乡乐亭县附近。李大钊听爷爷说，当时地都震裂了，顺着地缝往上翻黑水，翻完黑水又冒白沙。许多房屋都震塌了，有的东房檐和西房檐挤到一块儿，之后又分开，可见地震的强烈程度。

小春： 和 1976 年的唐山大地震差不多。太可怕了！

博士： 李大钊的父亲从睡梦中惊醒，想起自己亲生母亲可能有危险，于是一口气跑到村东头。进门二话没说，背起母亲就往外跑，一直跑到自家门前。刚放下母亲，就吐了一大口鲜血，从此一病不起，而且病情一天比一天重。第二年就不幸离世了，年仅 22 岁。

由于思念丈夫，再加上家庭矛盾，李大钊的母亲有委屈没处说，伤心苦闷无法排解，有时就一个人跑到丈夫坟前哭诉。有一次甚至昏倒在坟地里，很久没有醒来，从此坐下病根。她在极端痛苦与伤感中又熬了 7 个月，于 1889 年 10 月 29 日生下李大钊。

小春： 不好意思，我冒昧地问一句，听说李大钊的乳名叫“憨头”，“憨头”是什么意思呢?

阿青： 呵呵，憨头就是傻头傻脑的意思吧。

小春： 但是李大钊的智商不可能这样啊?

博士： 李大钊出生的时候，他的爷爷恰好从地里捡了一只小百灵鸟，于是就想给他起个乳名叫“灵头”。可是有位老太太说了：“灵呀灵的，会叫傻了呢！要是叫‘憨头’倒会越叫越灵。不如叫‘憨头’吧！”于是他的乳名就叫“憨头”了。其实这是河北的一种风俗，认为小孩儿的乳名低贱一些好养活。所以有的干脆就叫“狗剩儿”“秃子”“傻蛋”，等等，比憨头更难听。

小春： 那么“傻根儿”也是这个意思啦，若不细想，还以为是一种歧视呢。

阿青： 世间事往往这样，以为是黑的其实可能是白的，所以老子的《道德经》主张知其白守其黑。

博士： 对，李大钊的爷爷就是守着孙儿“憨头”这个名字，怀着“聪明过人”甚至“荣华富贵”的梦想。

小春： 这个爷爷不简单呐。

博士： 爷爷对李大钊恩重如山。儿子儿媳撒手人寰，他是拿着孙子当儿子一样养育了。这位不肯向命运低头的爷爷，用高粱米粥，一口一口把孙儿喂大。别人喂他不放心，从来不让其他人插手。如果没有爷爷的细心喂养照顾，李大钊恐怕很难活下来。

爷爷叫李如珍，字怀瑾，生于 1827 年，逝于 1907 年，享年 80 岁。他四方大脸、膀大腰圆，为人正直，勤劳节俭，又很好客，家里常年客人不断。他早年在关外做生意，开个杂货铺，辛辛苦苦攒了点钱。后来怕被“胡子”绑票，把买卖停了，回到家乡。

小春： 名“如珍”，字“怀瑾”，让人想到诸葛亮字“孔明”，有义有理，浑然天成啊。在那个年代老爷子如此长寿，真是童年李大钊之福！可是什么叫“胡子”呢？

阿青： 这个我听说过，在我的老家东北，过去管土匪叫“胡子”，就是劫道的。张作霖早年就干过这个行当。

博士： 是的。怀瑾先生很会讲话，而且处事公道，村里人闹矛盾，都找他评理。他三言两语就能把事情摆平，所以村里人送给他一个外号叫“李铁嘴”。他数落庄里那些为非作歹不着调的人毫不留情，所以这些人都躲着他，一见他来，扭头就走。

怀瑾先生是个急公好义之人。当年村里年年都要搭台唱戏，但是场地问题一直解决不了，他用了六七年时间，募集铜钱1200余吊，自己又捐出460余吊，买下10亩左右的一块地，作为“香火地”献给村民。这在当时村里算是一个壮举了。所以1887年立碑纪念此事，请昌黎县一位老学究撰文，碑上的文字“华严寺前置买香火地基碑”是李大钊的父亲李任荣书写的。当时李任荣病得很重，下不来地，是让人背到华严寺的。他坐在一张皮褥子上，一丝不苟地写下碑文。可能是累着了，从此病得更重，第二年春天就去世了。爷爷不止一次领着李大钊来到这块“香火地”，观瞻那从未见过面的父亲的隽秀笔迹。懂事的李大钊心里明白，这块地是爷爷出力买的，碑文是父亲拼着命写的，这个碑中有前辈的奉献精神、牺牲精神，以及愿为民众、为道义热心担当的精神。这对李大钊后来的思想成长一定起了潜移默化的作用。碑文的落款是“督办人从九品李如珍”。当年看到这几个字，他一定是很自豪的，感到爷爷是个“有身份”的人。后来他逐渐明白了，原来爷爷的这个“从九品”很可能是花钱捐来的。

小春：“从九品”是多大的官儿？

博士：不算官，是级别。在清代官职中属于最低的一级。常言说县令“七品芝麻官”，七品已经是小到不能再小了，“从九品”就可想而知了。

小春：您根据什么说他是花钱捐的呢？

博士： 李大钊的爷爷年轻时是做生意的，属于商人，而当时商人的社会地位很低，不能参加科举考试，所以他这个“从九品”肯定不是考取的。又没听说是地方举荐的，那就只能是花钱捐的了。这种事在当时很流行，因为中国人向来都有正统情结，人们特别看重身份。

小春： 对了，我最感兴趣的是李大钊的爷爷怎么做的启蒙教育？在那种艰难困苦的条件下，竟然培育出惊天动地的一代伟人，这不能不让人惊奇呀。

阿青： 爷爷抚养李大钊长达18年，对他幼年时期性格的形成，以及后来人生观、道德观、价值观的初步确立均有重要影响。爷爷非常重视教育，他自己没能参加科举考试获取功名，这可能是他终身的遗憾。所以他对过继的儿子倾力培养。儿子病逝，又把全部希望寄托在孙子身上。爷爷的教育有两个方面让李大钊终身难忘。一是教他做人，知道善恶美丑；二是教他读书识字，培养良好的读书习惯和学习兴趣。

爷爷虽然是生意人出身，却格外喜爱读书明理的人。他把后半辈子的精力完全投到李大钊身上了，想把孙子培养成一个有出息的人。他最憎恨家门前老母庙里的赌棍们，生怕李大钊跟这帮人学坏，所以坚决不让孙子往那伙人里凑。他经常在孙子面前挖苦那些耍钱闹鬼儿游手好闲的人。每天吃过晚饭，家人坐在一起闲聊，谈到那帮赌徒，他就会用洪亮的声音愤愤地说：“那是一伙害群之马，老天爷给了他们一双手，不用来干好事，黑夜白天耍钱闹鬼儿，染满两手铜臭，像这样醉生梦死地混下去，有啥意思呢？”后来懂事了，李大钊终于明白爷爷的苦心，他是通过这种方式，教育孙子远离丑恶，做一个好人。

爷爷常对左邻右舍说："小孩就像一棵小树，由他自己去长，一点也不管教，那哪儿行呢！孩子是从小看大，三岁知老。小时候不好好管教，以后就来不及了。"这是他的教育理念。

怀瑾先生没学过教育学，但是他这个说法却非常有道理。

博士：那个时代，怀有同样心理的、盼望子孙光耀门楣的家长不在少数，然而培育出来的德才兼备的人却为数不多，其中的关键就在于身教。所以说，德才的养成，从上一代就开始了。

小春：怀瑾先生既然不是科举出身，他又是怎么教李大钊读书识字的呢？

阿青：怀瑾先生是有点儿文化的，喜欢看《三国演义》一类小说，因此李大钊最初识字就是爷爷教的。从四岁开始，每天早上，洗漱完毕，爷爷就把红漆小桌擦得锃亮，往炕上一放。这时李大钊就知道该学习了，于是忙把书本、笔墨、砚台摆在炕桌上，听爷爷讲课。一个农村老汉，能够教孙子读书识字，这对怀瑾先生来说，很可能是一件很惬意的事，也应该很有成就感。所以他做得非常认真，而且格外突出那种仪式感。这种心态和氛围对李大钊后来的学习态度和学习精神肯定有积极影响。

博士：习惯的养成。

阿青：怀瑾先生也很懂得劳逸结合，学习累了，也给时间让孙子放松。

他在后院种了些花草树木，还喂养了三只猫和一条狗给孙子做伴。宠物的陪伴，尤其是猫和狗，对儿童的意义非比寻常。怀瑾先生对孙子虽然管教严格，但是学习完了，就像变了一个人，马上没脾气了。这位好爷爷常常笑着对亲友们说："我们家里，一天有两怕：书本一翻开，孙子见了我就怕；一合上书本，就该我怕他了。"只要完成了学习任务，爷爷就得听孙子的。从童年的淘气状态，也可以推断李大钊的身体比较健康。

博士：李大钊读中学的第二年，爷爷去世了。有一天他接到家信，说爷爷病重，让他速回。他急忙赶回家。一走进村头就哭，一直哭到家里。当时正是八九月间，连雨天。到家后，他几天几夜守在爷爷身边。有一天夜里，雨下个不停，爷爷忽然睁开眼睛四处寻找，看见孙子守在身边，便低声说："还没睡？来，靠我近一点儿，我有话跟你说！"李大钊连忙凑上前去，只听爷爷喃喃地说：

"我死了，千万不要大发丧。人死了没有什么，气是清风肉是泥，埋了拉倒，把省下来的钱留着给你念书。你一定要好好念书，千万不要把书扔掉。"等了一会儿，爷爷又断断续续地说，"今年是伏吊，明年不收麦子。咱们有一块托盆地，秋天你在那里种上麦子，明年靠住能丰收！"这是爷爷最后的遗言。

小春：我都看哭了，伟大的爷爷。什么是"伏吊"？还有"托盆地"？

博士："伏吊"就是伏天没下雨，当地叫"伏吊气"。"托盆地"就是二洼地，不怕旱。

小春：后来呢？如此年岁，唯一可以依靠的人又没有了，可怎么办呢？

阿青：后来发生的一些事情，让人很无奈。爷爷死后，李大钊的姑姑，还有他的一个叔叔，在家里大闹一场，他们不顾老爷子的遗愿，非要给他大发丧，实际是不让李大钊顺利继承爷爷的遗产，直到把爷爷剩下的那点财产几乎全部折腾光了才罢休。所以李大钊后来求学遇到很大困难，要不是他的妻子到处典当挪借，真的没办法继续读书了。

博士：妻子是另一个成就他的人。

阿青：后来李大钊还是原谅他们了。想想姑啊叔啊啥的，都没受过教育，眼界心胸有限，只看到眼前的一点利益，所以做出一些过格的事也可以理解。李大钊的爷爷虽然没有儿子，但是有三个女儿。其中两个嫁到外地，另一个三姑就在本村。李大钊的奶奶脑子不太好，她心里只有这个女儿，李大钊父亲过继她家，她就不太乐意。后来过继的儿子去世了，爷爷对孙子关爱有加，奶奶心里更不乐意。事情明摆着的，如果没有李大钊，爷爷的遗产不就都可以给三姑了嘛。就为这个，三姑对李大钊一直不怎么友好。爷爷去世后，她就有意把爷爷的遗产折腾光。但是不管怎么说，爷爷的丧事办得还是很风光的，这让李大钊心里没有留下遗憾，所以也就不怪亲戚们。

博士：作为中学生的李大钊应该能明白，爷爷把一生的爱全都给了他，谁都分不走、败不光的。那年月的平民日子是普遍苦得很，而这独特的爷孙俩所共享的时光是无比快乐的。

少年时代的李大钊

小春： 谢谢博士！若不是看到您这段话，我今天怕是睡不好觉了。读了阿青学长讲述的故事，我的心像碎裂了一样。读了您的留言，忽然觉得又把碎片串成晶莹剔透值得珍爱的珍珠。

阿青： 谢谢博士！谢谢小春！

经典导读

道德这个东西不是超自然的东西，不是超物质以上的东西，不是凭空从天上掉下来的东西。它的基础就是自然，就是物质，就是生活的要求。

注：节选自《物质变动与道德变动》。

贰

十年私塾
做人与作文的根基

博士的空间里有一篇随笔，谈到了李大钊从童年开始接受启蒙教育的情况，这类史料我也是熟悉的。引起我惊奇的是文章最上方的配图，一幅乡野田园早春的画面，河畔柳丝青青地垂着，带着若有若无的芽苞，新草从旧草的缝隙间钻出来，鲜灵灵的，略有起伏的地表葱绿渐染，从无尽的开阔处向天边蔓延而去。那三五棵柳树仿佛拴马桩一般，把观览者奔逸的心绪定止在近处，仿佛野地里成群撒欢儿的儿童，他们的活动轨迹看似散漫，却是绕着一个默许的中心，若即若离。自由与安全，达成完美的和谐状态。

李大钊 6 岁时，祖父把他送进本村的谷家私塾。这一年是 1895 年。从这年开始，他在旧式私塾学习了整整 10 年。爷爷为他规划的学业目标是要参加科举考试，求取功名。这也是千百年来中国古代读书人共同的道路，简言之就是“修身齐家治国平天下”，为此就要熟读“四书”“五经”，因为这是元、明、清三朝科举考试的主要参考书。在此期间，几乎历届科举考试的题目都是“四书”中的原句。超出这个范围，考生甚至可以罢考，所以每个考生都必须把“四书”背得滚瓜烂熟。

“四书”内容丰富，体现了儒家对道德伦理的基本看法和修身齐家治国平天下的人生理想。其中包括《大学》《中庸》《论语》《孟子》，都是文言文，没有标点符号，能做到正确断句就是一大关。

中国古代的传统教育方式，家庭教学称为“塾”，乡里设立的学堂称为“庠”，郡县设立的学堂称为“序”，国立的学堂则称为“学”。每年的春季都要招收儿童入学，每半年有一次测验，也就是期中考试。第一学期要达到可以给文言课文断句的能力，也就是可以阅读经典文献“四书”，并且懂得什么是善恶美丑，树立正确的人生目标，这就是“离经辨志”；在第三个学期要考查学生对学业的认真态度，与人和睦相处的能力，这就是“敬业乐群”；第五个学期要考查学生掌握知识的广度，以及与老师的交流探讨程度，这就是“博习亲师”；第七个学期考查学生对学习内容的思辨能力以及选择朋友的能力，这就是“论学取友”。在这个程度上考试合格，就可以称之为“小成”。到了第九个学年，所有的课程融会贯通，正确的思想观念已经牢固树立起来，合乎这个要求的就可以称之为“大成”。

按照这样的一整套教学程序下来，只要是认真学习的学生，基本上已经很有学问、很懂事了。从童年跨入青年，接受了大量的知识、崭新的思想，经过了提问与论辩的历练，青春生命亦必是头角峥嵘、风华正茂的样子。

李大钊 16 岁那年，正赶上科举考试，他去应试了，可是不小心把墨涂在了卷子上，这个卷子就废了。古代科举考试，要求是非常严苛的，有一点瑕疵都不行。不但要求考生文章写得好，而且必须有很好的体力和心理承受能力。

古代的科考，是个极其独特的景观。考生早晨四五点钟，天刚蒙蒙亮就要排队进考场。一人挎个篮子，里边装着考试用具和自备的干粮。有人挖苦说，个个都像逃荒要饭的乞丐。进门要严格搜身，连衣服都要脱光，毫无隐私可言。答卷时，一人一个小单间，是用席子临时搭的，但是考生必须探出头，以便监考人员“一览无余”。有人挖苦说像巢中的蜜蜂。更要命的是考试时间还特别长，比如古代乡试，一共考三场，据说要用九天时间。这期间考场大门锁死，考生不得离开考场一步，吃喝拉撒睡都在考场解决。晚上在答题的桌板上睡觉，连腿都伸不直。考场严禁说话，考官给每个考生发个牌子，一面写“入敬”，另一面写“出恭”。举“出恭”牌子就表示要上厕所，现在有的老人还把上厕所称为“出恭”，就是从这儿来的。由于考试制度严格，条件恶劣，很容易造成考生中暑或者食物中毒，甚至有被毒蛇咬伤的，各种意外死亡事件经常发生。这对于一个十几岁的孩子来说，实在是令人恐怖的经历，没有很好的身体素质和心理承受能力，很可能进得去，出不来。

李大钊没有考取秀才，但这不等于他没有学问。当年清华大学的四大导师之一陈寅恪，游学海外十几年，一个毕业证也没拿到，但是梁启超却说他的学问高过自己。陈寅恪没拿到毕业证，不是因为成绩不好，而是因为走完规定程序，等着拿毕业证书太耽误时间，影响学习新知识，因而他不等毕业证书下来就走人了。

这样说来，“学历”这两个字可以做另一种解释，它只指学习的实际经历和过程，而与水平无关。李大钊没有“秀才”证书，但绝不等于他的“国学”水平不如秀才。在爷爷的严格督导下，懂事的李大钊认认真真地苦读了 10 年，这是学识与才华的积累，直接决定了他的未来。从 6 岁到 16 岁的 10 年，是金子一样的年华，是一个人记忆力最好的年纪。他后来发表的文章，尤其是 1919 年以前白话文没有普及的时候写的文章，那种遣词造句的古雅风格，那种对古代典籍旁征博引的熟稔程度，无不说明他国学功底的雄厚与杰出。如果清廷不宣布停止科举考试，那么李大钊中举人、中进士都不成问题。当然这只是假设，而且这也不是我们期望的结果。清朝的所有进士加一起，也比不过一个李大钊对中国人民的贡献。

对于李大钊来说，这十年苦读最重要的作用和意义不仅是打下了坚实的国学功底，更重要的是全面吸收和继承了中华民族优秀的思想文化遗产。比如《周易》“天行健，君子以自强不息”的思想，以及儒家“修齐治平”的思想，“仁者爱人”的思想，“不义而富且贵，于我如浮云”的思想，“民为邦本”的思想，“富贵不能淫，贫贱不能移，威武不能屈”的大丈夫气概，“以有道伐无道”的造反有理精神。还有历代名人的道德情操和忧国忧民的思想，比如屈原的“亦余心之所善兮，虽九死其犹未悔”，诸葛亮的“鞠躬尽瘁，死而后已”，范仲淹的“先天下之忧而忧，后天下之乐而乐”，文天祥的“人生自古谁无死？留取丹心照汗青”，于谦的“粉身碎骨浑不怕，要留清白在人间”，林则徐的“苟利国家生死以，岂因祸福避趋之”。

这些先贤思想焕发出的人文光彩，照亮了中华民族的历史星空。与之相关的精彩动人的故事传说，以及那些无比华美的诗词歌赋，对于李大钊思想意识和行为习惯的养成，有着极为重要的影响。而且，这些思想经过他的创造性转化，与马克思主义革命理论、与中国共产党的政治理念和道德追求，都有了相通之处，这也是他的文章广受欢迎的原因之一。我们在李大钊思想发展轨迹中，不难看到中华民族优秀传统文化时隐时现、若即若离的作用。可以说，没有这十年寒窗苦读，就没有后来伟大的马克思主义传播者和中国共产党主要创始人之一的李大钊。

第二次对话

阿青：博士您好！我阅读了您整理的李大钊少年时期的资料，却很好奇您使用了乡野初春这幅图。

博士：它全息了李大钊青葱少小的十年。

阿青：真是一幅好图。这让我想到善于持家的主妇所掌控的厨房，任何物件的摆放都是有道理的，仿佛一根坚韧的丝线牢靠地拴着，这根丝线便是“科学与便捷”。画家也好，摄影家也好，他们剪裁的画面里，如果没有这样的“丝线”，也就没有了灵魂，不再是生动的了。

博士：为了准确传递信息和思想，我们不得不借助语言文字，尤其是逻辑和修辞，但是作为信息的模块，意象始终要大于概念，所以有时候图更能说明问题。

关于李大钊早年读书，我空间里面的资料也不是最详尽的。他 6 岁上私塾，那是 1895 年，一直读到 1905 年，整整 10 年，说是“十年寒窗”，一点不假。还要说明一点，他比一般的同时代人多读了 4 年私塾。

小春：这是为什么呢？

博士：1901 年清政府就下令将旧式书院改为新式学堂，同时要求各地多设小学堂。这时，很多跟风快的人就弃私塾而入学堂。而李大钊却直到 1905 年才入永平府中学，这样就比别人多念了 4 年私塾。

小春：那他为什么不上新学堂呢？私塾多没意思啊？

博士：呵呵，估计由不得他吧。那时候，爷爷是他的最高领导，万事都得听爷爷安排。

阿青：爷爷可能认为新学堂一个班好几十人，不如私塾一对一教学效果好吧？

博士：也不全是。主要是他那个村子太闭塞了。李大钊常听爷爷说起的一句话就是“我们住在海袖子里”。

阿青：什么叫“海袖子”？

博士：就是东、西、南三面都是渤海汊子，像个袖筒子，出入很不方便，消息也很闭塞，所以就没上新学堂。

小春：他的私塾老师一定很厉害吧？

博士：李大钊的爷爷先后给他请了三位私塾先生，都是经过认真考虑、精心挑选的。第一位是谷家私塾的塾师单子鳌，此人诚实而善解人意。他给李大钊起了个学名叫“耆年”，又按名以表字的习惯，起了个字叫“寿昌”，希望他避开父母早逝的命运。他对少小的李大钊非常关心，他们之间感情很好。可是三年后，他坦率地向李大钊的爷爷提出，自己已不能胜任做这孩子的老师，让老爷子另请高明。

阿青：这也说明了当时的李大钊是很聪敏、很用功的孩子。

博士：爷爷给李大钊挑选的第二位老师是赵辉斗先生，可是当时赵先生要到小黑坨村张老恭家的专馆教他儿子张春迺（nǎi）。这个张春迺娇生惯养，张老恭四房老婆守着这一个独苗，他担心儿子一个人学习太寂寞，想给儿子找个伴读，正好赵辉斗先生跟李大钊的爷爷早就认识，当年李如珍曾请他撰写华严寺“香火田”碑文，他也很喜欢李大钊，于是经赵先生从中说合，张老恭点头，李大钊就进了张家专馆学习。不是一对一，也算是一对二，学习条件相当好。可是好景不长，学了不到三年，张春迺病死了。赵先生对李如珍说：“春迺死了，专馆就黄了，我也得走了。”而且还表示，即使春迺不死，他也教不了李大钊了，让李如珍另请名师。

小春：他们商量起事情来竟然是这么和谐，朴厚的民风啊。

博士：李大钊的第三位启蒙老师，是在乐亭城北宋举人家教书的黄宝林先生。宋举人曾在山东任过候补知县，黄先生则是曾经到北京国子监读书的“优贡”，论名气和学识比赵先生要高一些。

在这三位恩师孜孜不倦的教诲下，加上爷爷的督促和鼓励，十年之间，李大钊养成了刻苦读书、独立思考的习惯。每当回顾这段生活，李大钊深感欣慰的就是自己没有虚度光阴。对这三位老先生，他始终怀着感激之情。

小春： 我发现100年前的李爷爷，为了孙子拜师择校，比现在的那些名校生的妈妈还有耐心，不厌其烦，而且一丝不苟。

阿青： 孔子说："爱之，能勿劳乎？忠焉，能勿诲乎？"天下父母，莫不如此吧。

博士： 能够让一个苦命的孤儿在方方面面的关爱中长大，我觉得，李大钊的爷爷才是更了不起的人。他教养孙儿的一言一行，都值得后人审视并深思。

经典导读

李大钊勤奋好学，小小年纪便以才思敏捷、能文善诗闻名乡里。8岁那年，一个远房亲戚得知李大钊在很短的时间竟读完《三字经》《千字文》等课程，非常吃惊，遂以对联考他，出上联"春风猛似虎"，李大钊开口即对出下联"秋水静如猪"，并解释其"典意来自'四书'。猪者，兽也。论兽，虎性最暴，猪性最良，故以猪对虎"。

——节选自《李大钊童年的故事》

叁

少年
在新世界的窗口

永平府这个地名，对现代人而言确实有点儿陌生，但是如果告诉你它的辖区包括唐山、秦皇岛，是不是就有些亲切感了呢？这个明清时代设置的州府，往远古追溯，作为商周时期的一个小国，它可是大大的有名。

孤竹国——这是响彻整个中国历史的高贤、大隐的代名词。孤竹国腹地，在滦河西岸的海阳国境内，即今天滦州市的横山以南，唐山以东的滦南、曹妃甸区、乐亭两县一区境内。永平府位于乐亭县治所北偏西 60 公里左右，相传是商代孤竹国所在地。城内有夷齐故里，城外有首阳山。这是个有故事的地方。

相传伯夷、叔齐是孤竹国君的两位王子。伯夷为长子，叔齐是三子。孤竹君年老，留下遗嘱让三子叔齐继承王位。可能是叔齐有能力，也可能是老父偏爱，但是这种安排不合乎“立长不立幼”的古训。所以当父亲死后，叔齐主动让大哥伯夷继位。伯夷以遵从父命为由拒绝继位。为了不当国王，他干脆出逃，远离孤竹国。可是跑着跑着却遇到了叔齐，一问，他也是不肯继位，想逃跑。

二人想到一块儿了，于是结伴而行。他们听说西伯侯姬昌有德，敬老爱幼，于是决定一起过去拜访一下。

可是还没走到地方就听说姬昌已经去世了，而他的儿子周武王姬发正在起兵伐纣，于是二人迎了上去。在孟津这个地方拦住周武王的马头，大声说：“父死不葬，爰及干戈，可谓孝乎？以臣弑君，可谓仁乎？”这真是“哪壶不开提哪壶”，武王手下的保镖想给二人点颜色看看，姜太公连忙制止说：“此义人也。”说着，把二人扶到路边去了。武王伐纣胜利后建立周朝，而伯夷、叔齐耻食周粟，隐居于首阳山，靠采集野菜为食，最后饿死于首阳山中。

对于伯夷、叔齐之死，孔子评论说：“（二人）求仁而得仁，又何怨？”

孟子说："伯夷、叔齐……奋乎百世之上，百世之下，闻者莫不兴起也，非圣贤而能若是乎！"中国历代文人对伯夷、叔齐的行为推崇备至，认为这是君子最为高尚的品性，因此也符合儒家的价值观。儒家认为，人生之价值不在于能获得什么功名利禄，而在于是否符合道义和礼制，是否为后世所称道，是否能流芳千古。

《三国演义》里面说，河北多义士。这样的人类美德教育基地，几千年积聚的能量，想必是比渤海湾还要浩瀚吧。

1905 年，16 岁的李大钊随参加科举考试的部分学生一起转入永平府中学，进入了夷齐精神的中心地带。

第三次对话

小春听我说到伯夷、叔齐的事迹，不禁悠然神往，因此也就特别关注少年李大钊受到了哪些影响。

小春：学长好！您谈谈李大钊在永平府中学的学习情况吧。有那么好的爷爷悉心培养，还有伯夷、叔齐那样的大贤深远影响，如此的少年是如何成长的呢？

阿青：小春好！李大钊在永平府中学只学习了两年。这两年对于他的思想成长来说，尚属启蒙阶段吧。

小春：那时候他多大？

阿青： 大约 16 岁到 18 岁。

小春： 正值青春好年华啊！

阿青： 是啊，人在这个年龄段是最敏锐的，经历的一些事，思考的一些问题，对一生都有影响。印在脑海里的，挥不去，抹不掉。永平府距离乐亭县城 60 公里左右，早些年没有铁路的时候，北京至山海关的大道就经过这里，交通比较便利。19 世纪末以来，由于附近有煤矿，加上修筑了铁路，交通更为便利，信息也比较灵通，是个好地方。

永平府中学建于 1902 年，校址设在"敬胜书院"内。李大钊入学前这里已经招收了两届学生，大约一百六七十人。学生多来自本府各县，住宿由学校统一安排。

恰好李大钊入学这年，学校改为官办学堂。开设的课程除了传统的经学、文史之外，还有英文、数学、外国地理和历史、格致学、外国浅近政治学等"新学"科目。这些新学科开阔了他的视野，使他有机会接触和了解现代科学知识。尤其是英语、数学，使他具备了后来报考"北洋法政专门学堂"的必要条件。如果不上这个中学，以他十年私塾的知识基础，是很难再进一步求学的。所以对李大钊来说这两年中学太重要了。

小春： 和私塾里面的课程设置截然不同了，等于打开了许多观察新世界的窗口啊，学校让读课外书吗？

阿青： 让读的，当然上课不许读。课余时间可以到藏书室借阅。学校藏书室不大，也就是一间教室吧，四周摆些书架，一人多高，屋地中间摆个大书案，围着一二十把椅子。

李大钊喜欢挨着窗户坐，光线好。因为那时他的眼睛已经有点近视了，只是还没戴眼镜。

小春：他经常读什么课外书呢？

阿青：他喜欢看的是康有为、梁启超等人的书和文章，还有谭嗣同的《仁学》，等等。当时戊戌变法失败后不久，康梁已经逃亡日本，可是他们的书还在民间流传，清政府也无力禁止。

小春：他最喜欢看的是什么？

阿青：要说最喜欢看的，那就是梁启超的《少年中国说》。据说李大钊看了几十遍，对梁启超的才华和思想无比钦佩。在当时，梁启超的学问、见识、文笔、才情，都是全国第一流的水平。梁启超的文章风格，世称“新文体”，是五四以前最受欢迎、模仿者最多的文体。都说“文人相轻”，但是在当时的中国，没有一个文人敢轻视梁启超。毛泽东字“润之”是吧，他的字是怎么来的，你知道吗？

小春：我只知道毛主席，名泽东，字润之，至于他的字怎么来的还真没有考证过。

阿青：现代人很少称呼“字”了。古时候，朋友之间直呼其名是不礼貌的，都称呼字。李大钊称呼毛泽东，一直都是“润之”这两个字。

小春：您接着说，他的字是怎么来的？

阿青：毛泽东年轻的时候，给他的老师杨昌济写信。杨昌济知道吧？又名杨怀中，字华生，他在北京大学教伦理学，与李大钊是同事。润之在信后署名“毛学任”。杨老师很奇怪，问他：“这是何意？”他回答说：“学梁任公。”梁任公就是梁启超，他字卓如，号任公。由此可见毛泽东对梁启超的仰慕之情。梁启超思想犀利，文笔泼辣，深受毛泽东的喜欢。毛泽东青年时期的文章，比如他在《新青年》上发表的《体育之研究》，其文风即酷似梁任公。

小春：那他怎么又叫“润之”了？

阿青：这时杨老师送他一部《胡文忠公全集》，可能是想让他学学胡林翼。胡林翼，字润芝，死后谥号“文忠”。毛泽东反复阅读之后，对胡林翼很佩服，于是又改字“学润”。杨老师说：“汉朝的司马卿仰慕蔺相如，于是改名司马相如。你既然佩服胡林翼，干脆就叫‘毛润芝’好了。”于是毛泽东又改字“润芝”，或写成“润之”。这个“润”字与他名字中的“泽”字很相配，符合“名以表字”的规则，所以比“学任”要好。

小春：哎呀，长见识啦，长见识啦！原来一个人的“字”还有这么多说道。

阿青：梁启超去世时，曾有一副对联是这样写的：“三十年来，新事业，新智识，新思想，是谁唤起；百千载后，论学术，论文章，论人品，自有公评。”我印象很深。梁启超甚至曾宣称，有朝一日“举国行当思我耳”。我们今天不就“思”他了吗？

可见在中国近代思想史上，梁启超是一座绕不过去的高峰。他集政治家、学者、作家于一身，以激情澎湃的文章，引领一代文风，在中国思想界掀起了一股不可抵挡的洪流。

他留下的1400余万字著作，对我国的史学、哲学、法学、社会经济学、新闻学研究均具有开拓性的作用。李大钊当然也很佩服梁任公，他的文章也有意模仿梁的文风，这都是在永平府中学时期打下的基础。

小春：除了读梁启超的书，在这个时期，还有哪些事情对他有影响呢？

阿青：不只是李大钊，对于那个时代大多数有志青年而言，最深刻的事就是对国家民族的危亡有切肤之痛。李大钊以前读私塾时，由于环境闭塞，没有报纸，也没有广播，对国家大事了解甚少，就知道背诵“四书”“五经”，准备参加科举考试。到永平府中学之后，才知道国家民族到了生死存亡的关头，才知道甲午战败北洋水师全军覆没，以及被迫签订丧权辱国的《马关条约》的奇耻大辱。知道戊戌变法失败，谭嗣同等六君子喋血北京菜市口。知道义和团起义和八国联军进北京，以及《辛丑条约》给中国人民造成的巨大危害，还有清廷顽固派卖国求荣的丑恶嘴脸。可以说，从这时开始，李大钊便产生了朦胧的反清意识和反专制意识。最重要的是开始关心国家大事，面对国家衰败、民族危亡、生灵涂炭，有一种忧心如焚之感。以前在私塾读到的“救民于水火”，终于在现实中找到了落脚点。

小春：永平府中学这两年，应该看作李大钊民族主义和民主主义思想的启蒙阶段吧。除此而外有没有印象深刻的人呢？

阿青：当然是有的。印象最深、终身难忘的人，就是他的同学蒋卫平。他比李大钊大7岁，是从外校转来的，年级也比李大钊高。他是李大钊在永平府中学最要好的朋友。

此人少有大志，仰慕班超、马志尼之为人，以天民先觉为己任……常谈黄宗羲、顾炎武、王夫之等人的学说。并因为爱读谭嗣同《仁学》一书，仰慕谭嗣同的为人而改号“慕谭”。

小春： 您说的这些人我都知道。但是马志尼是谁呀？怎么没听说过？

阿青： 马志尼是意大利革命家，民族解放运动领袖，是意大利建国三杰之一，列宁称之为“马克思主义以前的非无产阶级社会主义的代表人物”。

小春： 原来是意大利革命家。这位蒋同学仰慕的都是爱国英雄和革命志士，可见其志向不凡。

阿青： 是的。李大钊从这位学兄身上看到一种不凡的气概。他的爱国爱民热忱、献身精神、侠肝义胆，使李大钊深受感染，也深深地影响了他的价值取向。可惜相处时间不长，蒋卫平就转到保定陆军速成中学，但他们一直保持着联系。蒋毕业后，为了防备沙俄对我国的侵略，遍游东北、内蒙古各地，被誉为“关外大侠”。

1911 年，在调查沙俄边界时被俄国人逮捕，后经我方交涉，俄方假意释放，但在行至黑龙江边，刚要上船时，俄国士兵突然开枪，之后又砍了四刀，将其残忍杀害。过后很长时间，李大钊得到消息，悲痛至极，在 1913 年先后写下《哭蒋卫平》诗二首，悼念自己的生平挚友。

小春： 是什么样的诗呢？

阿青： 是七言律诗。

国殇满地都堪哭，泪眼乾坤涕未收。

半世英灵沉漠北，经年骨骸冷江头。

辽东化鹤归来日，燕市屠牛漂旧秋。

万里招魂竟何处，断肠风雨上高楼。

小春：“万里招魂竟何处，断肠风雨上高楼。”何等大气！李大钊先生当时多大年岁，竟有如此沉郁顿挫的手笔？

阿青：那个时候他只有24岁。

小春：24岁，就能写出这么好的七律，真让人佩服！

阿青：嗯，那时候的人立事都很早的。

小春：好像李大钊结婚也比较早吧。

阿青：李大钊刚满10岁时结婚。是爷爷做的主，他当时那么小，根本没有发言权，甚至连结婚是怎么回事都不懂，所以只能接受安排了。

小春：他的夫人多大呢？

阿青：夫人叫赵纫兰，比李大钊大5岁多，结婚的时候不足16岁。其实这种情况在那个年代挺常见的，并不奇怪。现在不是还有一种说法，“女大三抱金砖”吗？

小春：不过这事我实在想不明白，十岁就结婚，而且新娘比新郎大五岁，他的爷爷怎么这样安排呢？

阿青：李大钊一开始也想不明白。后来年岁大了，终于明白了爷爷的深思远虑。

小春：不得已而为之？

阿青：李大钊结婚时，爷爷已经七十岁了。在那个时代，一个七十岁的人，风烛残年，能不想“后事”吗？他的“后事”是什么？就是孙子的生存大事。如果哪天他老人家“意外”了，孙子还没结婚成家，怎么活呀？你说他能闭上眼睛吗？为了避免这种情况，必须尽早给李大钊操办婚事。爱孙结婚了，他就放心了。

小春：那为什么找一个比他大五岁的呀？

李大钊夫人赵纫兰

阿青: 哈哈！一个十岁的新郎，领着一个六七岁的新娘，怎么过日子？两人吵架了，这个哭，那个闹，爷爷可有活儿干了。

小春: 啊！这个我真没想到。

阿青: 但是李大钊的爷爷一定会想到。如果孙子领着一个六七岁的新娘，一旦爷爷有个三长两短，他们两人的日子怎么过？这个问题爷爷能不考虑吗？所以最佳办法就是找一个足够大的，结婚就能顶门过日子的女孩，这样他就放心了。再说，女孩大点儿，做爷爷的也多个帮手。那么些年，爷爷为了李大钊，“又当爹又当妈”，里里外外的，也确实够累了。

小春: 我终于明白了，爷爷这种安排全是为了他的孙子啊！可怜爷爷的一片心啊！

阿青: 李大钊的夫人是个坚强的女性，李大钊的学习与生活，以及他的革命工作，都与她的支持分不开。她嫁给了李大钊，也就等于嫁给了艰难困苦。

李夫人的娘家与李家是世交。她父亲赵文隆曾与李大钊的爷爷合伙在东北做生意，她奶奶又是李大钊的姑奶奶，所以他们两家既是至交，又是亲上加亲。爷爷李如珍对这门亲事肯定非常满意，简直是为自己孙子量身定做的一样。孙媳正直朴实，温柔贤惠，家里家外的活计都能拿得起放得下，确实给爷爷减轻了不少负担。由于娘家家境比较好，因此她也读过几天书，能看白话文小说。更难得的是，因为有一定文化，所以她对李大钊连续多年在外读书给予很大的支持。光是在北洋法政学堂6年，每年的学费和各项费用加起来，就最少120块大洋，都是她为丈夫筹措的。她为此付出了多少艰辛，从来不曾抱怨。后来李大钊又到日本留学，又到上海、北京办刊办报，十几年不着家。她名义上与李大钊共同生活了28年，其实真正在一起的时间连10年都不到。试问，有几个女人能够忍受这样的艰难和孤独？她总共生了9个子女，4个夭折，其他5个主要由她一手抚育成人。她无怨无悔地为李大钊以及他的事业奉献了一生。

小春：了不起的爷爷！了不起的夫人！关于伯夷、叔齐，学长不想再聊点儿啥吗？

阿青：其实我的心里也一直没放下这个话题，只是我暂时也没有抓住问题的关键，正想一睹博士先生的高论呢。

与博士谈到在永平府中学这一部分内容，目的是请他能够拨冗给出一些建议。博士没做什么评价，只是发上来一幅画让我看。

这是《雍正十二月行乐图》中的九月赏菊画面，雍正皇帝按照他自己的臆想装扮成晋代隐士陶渊明，手捧菊花，眼看南山，如情似梦，神姿仙态，一派悠然自得的光景。

博士对这幅画的来龙去脉，以及雍正皇帝这样的核心话题，一概置之不理，竟然当头就问，如同棒喝一般："阿青怎么看陶渊明这个人？"

博士还真会转移话题，话题在三个人中间就像击鼓传花，好歹算是递给了博士，顷刻间就被他打破了所有的常规。他拎出来的话题又神又玄，我的思维渐入恍惚，都忘了责难他。

这可有点儿欺负老实人啦，若是中学生或者本科生，按照考试的标准答案回复就可以了，关键是看谁的记忆力强大。如若不呢，那就绝对不可以正面回答，因为那样又呆又笨，很丢人是吧。却又不能故弄玄虚耍小聪明。总之你要尊重谈话的对象并让他也尊重你，这就是你该找到的“感觉”，然后跟着它走。于是我只当是找到了感觉，跟着感觉走。

阿青：对陶渊明的评价，历代都是有定论的，不允许发挥了呀。

博士：若非如此就不问阿青了啊。

阿青：今天主要是想听您的高论。

博士：您先请，我跟上。

阿青：技穷技穷，死活是没躲过去，看来今天只能班门弄斧啦，那我就抛砖引玉了。

博士：但讲无妨。

阿青：我在读本科的时候，关于陶渊明，师生间有过一次闲聊，老师说过这么一句话：“当他的创作不能换取足够的生活资料的时候，陶渊明就是个现代艺术家。”因为老师这句话太绕，只是一笑而已，又不解释，我们一直没弄懂这当中的含义。能够遇到博士先生，是我的幸运，正好就此求教，还望博士先生为我剖析归纳，解其深意。

博士：其实阿青已经回答了我的问题：“当他的创作

不能换取足够的生活资料的时候，陶渊明就是个现代艺术家”这句话我深表赞同，也让我因此有了唠叨的心情。那么，我也谈几句我的理解了。

首先，我问起陶渊明，不是因为我有好奇心，更不是我准备好一套“高见”跟阿青打擂炫酷。在某个重要的问题上，我需要与阿青达成一种“知心”，相知的心，方可触及最珍贵的思想感情，很多事情，对于不想懂的人，你也不想说。

话说这乐亭县本就隶属于永平府，李大钊生于斯长于斯，对伯夷、叔齐这两个人的故事一定是耳熟能详的，现在又来到这个地方上学，定然会切身地感受到古来圣贤的热度。如果我们把武王伐纣看作一场“革命”，那么从政治上说，伯夷、叔齐的立场势必有些模棱。但是伯夷、叔齐之所以受到后人的推崇，主要在于他们不追求功名利禄的道德操守以及以死明志的殉道精神。我们在李大钊的精神世界中，是否也可以看到伯夷、叔齐作为文化元素的因子呢？或者，说得直截了当一些，李大钊的爷爷和夫人，与伯夷、叔齐的价值追求根本不同，他们有相对蒙昧的心灵，也就是文化程度低一些的人，可以糊涂着看待这件事。但是李大钊到了永平府，开始接受东西方科学思想的启蒙，他肯定对这两个人有自己的理解。对于我们来说，他的爷爷和夫人，乃至全世界的人怎么看伯夷、叔齐不重要，他怎么看才重要。

家庭遭遇不幸，就像鲁迅先生说的“从小康而坠入困顿”，每一个中国人都应该把眼睛擦亮，盯住面前，别转悠着脖子先看天再看山，看完大塔看旗杆。

无法取得生活资料的“艺术家”，也不能否定他们是“艺术家”，但是他们的生活能力、对至亲至爱的责任和能力，这些是作为一个人不能没有的。为了成全自己的信念而不在乎一己生死、不在乎父母妻儿苦乐这种人，李大钊不是，我们的革命先烈们都不是。他们是为了捍卫爱，对家人、对人民的爱，而抛头颅洒热血的。

阿青：我也有这样的感觉，只是不如您的清晰明确。能与博士所见略同，阿青深感荣幸！

小春：听君一席话，胜读十年书。

博士：总而言之，李大钊在永平府读中学，所处地域诸如孤竹国首阳山什么的，并不是最重要的，重要的是他所处的历史时间。甲午战争与戊戌变法的惨败，中西方文化的交点，在少年李大钊的梦想中，从盘根错节的旧文化根基上，开始搭建新文化的万丈高楼。

阿青：受教了！

小春：谢谢博士！

经典导读

我所希望的“少年中国”的“少年运动”，是物心两面改造的运动，是灵肉一致改造的运动，是打破智识阶级的运动，是加入劳工团体的运动，是以村落为基础建立小组织的运动，是以世界为家庭扩充大联合的运动。

少年中国的少年啊！少年中国的运动，就是世界改造的运动，少年中国的少年，都应该是世界的少年。

注：节选自《“少年中国”的“少年运动”》。

肆

巨星
在破碎山河上升起

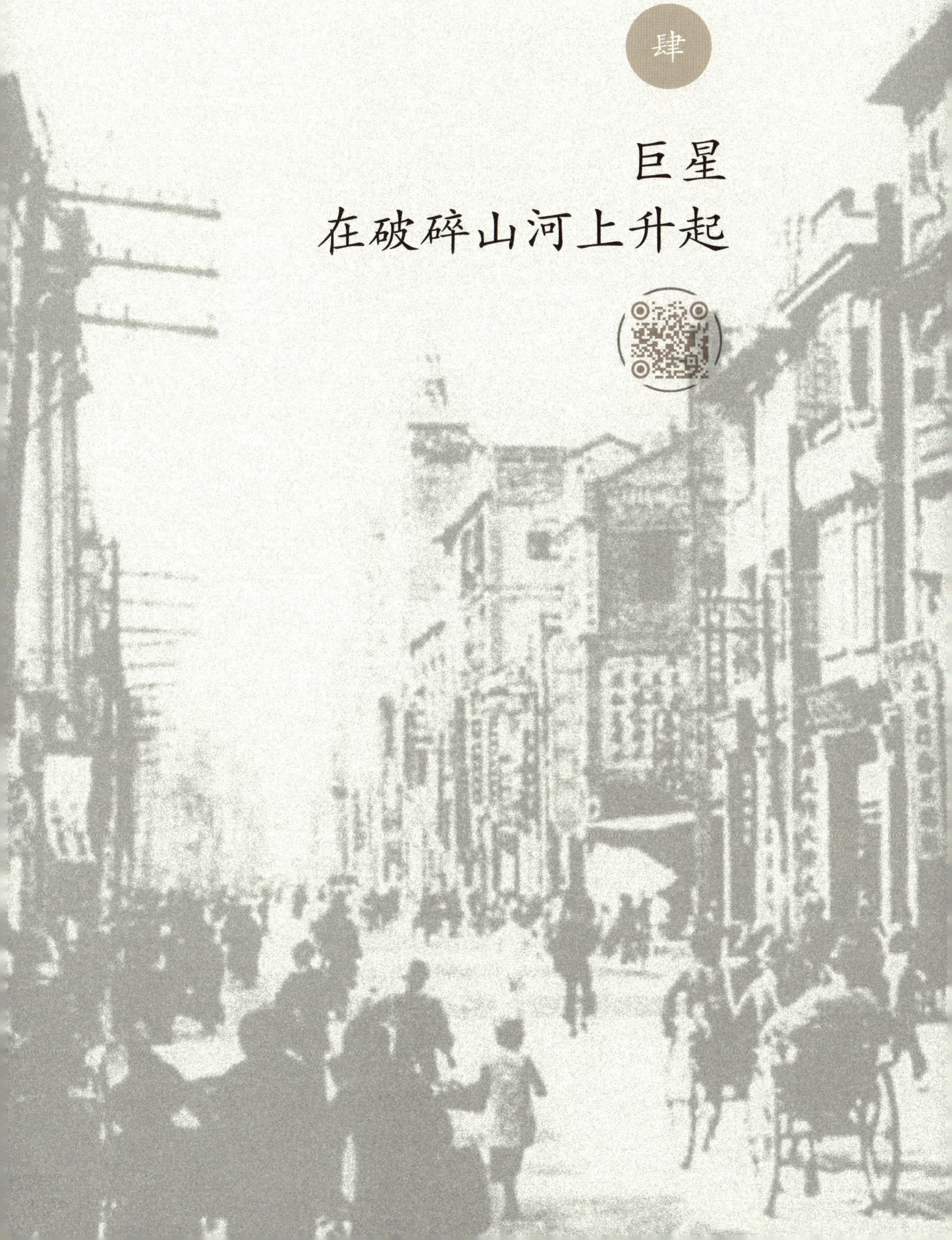

圆明两度昆明劫，鹤化千年未忍归。
一曲悲笳吹不尽，残灰犹共晚烟飞。
——摘自李大钊《吊圆明园故址》二首

因为上一次的对话说到了雍正版的陶渊明，我和小春意犹未尽，博士便约我们“看图说话”，同观圆明园的图片。博士认为，这所建筑的真正美学意义，是在它成为废墟之后。这个我们都能理解，这种美不是“养眼”，而是更富有内涵，更让人惊心动魄。说到这个举世闻名的废墟，肃杀的寒冬、衰败的深秋、寂寥的早春，反而不宜作为谈话的背景，它们与废墟在性质上太靠近了，没有差异，遂缺少了某些烘托怅恨气氛的力量元素。“国破山河在，城春草木深。”杜甫深知这里面的力道，这破碎的美酿成的悲剧旋涡，足以把人带入惊恐哀伤的深渊。

每当仲夏万物繁盛的时节，日影从福海上面返照草木掩映中的断壁残垣，灰白的瓦石镀着一层金色光晕，立刻就有了诸神静默的氛围。

公元 1907 年，清光绪三十三年。孙中山领导的黄冈起义失败。

徐锡麟击杀安徽巡抚恩铭。

梁启超在日本呼吁大清君主立宪。革命家秋瑾英勇就义。

…………

中华民族所有的荣辱悲喜，在这儿，你仿佛能够听到沉郁顿挫的旁白，以及回荡在少年李大钊意想中的古老中华残灰余烬上胡笳的呜咽。

我已经完全接受了博士所表达的美学境界，他的唯美图文让我获益良多。在他看来，科学就像庄严的声音让人担心拷问，美就像挚爱的声音，仿佛有魔力一般，让人心驰神往。他说："到了一定层面，就不仅要推究是不是，还必须审视美不美。"

1907 年秋，李大钊从永平府中学毕业，考入北洋法政专门学堂，至 1913 年夏毕业，前后整整 6 年。这 6 年在李大钊短暂的一生中可谓是峥嵘岁月、灿烂年华。首先，这是 18 岁到 24 岁的黄金岁月，是人一生中最美好、最有创造力的时光。其次，在这 6 年中，李大钊的现代人文知识全面提高，突飞猛进，由一个初中生，变成一个大专生。在当时，这样的学历水平已经是凤毛麟角。因为当时"新学"刚开办不久，本来高等专科学校就不多，加之该校是 1907 年根据直隶总督兼北洋大臣袁世凯的授命创办的，是全国第一所政法专科学校，可谓"金枝玉叶"。学校课程是比照全国最高学府京师大学堂设置的，既有大清会典、大清律例等清代法律典章内容，更多的则是政治学、政治学史、经济学史、比较宪法、比较行政法、地方自治论、中国法制史、选举制论、警察学、商业通论、民法要义、外交通义、外国贸易论、刑法总论、财政学、经济学原理、应用经济学、货币论、银行论、外交史、最近世界政治史、社会学、中外通商史、国际公法、国际私法、统计学等近现代社会科学课程。外语教学也很受重视。李大钊除了继续学习英语之外，还开始兼修日语。有的课由外籍教师直接用外语授课。从这些必修学科可以看出，该校肯定是当时全国唯一的，也是最高的政法院校。李大钊的学识水平也由此可见一斑。难怪他的文章给人的印象是古今中外无所不通，原来都下功夫学过。

中国法政学堂旧址

这且不说，关键是在中国数千年的历史中，这6年是翻天覆地的6年。在这6年中，准确些说，是1911年，两千多年的封建帝制被推翻；1912年，一种崭新的共和制度在中国这个古老的大地上出现，这样一种社会大变革、大动荡，对于一个政法院校的学生来说，在思想上、认知上，乃至学习和生活的方方面面所受到的冲击，应该说是平常年代100年都达不到的。这6年的中国犹如一个大熔炉，李大钊经过这个大熔炉的锻炼，好比是炼出了一副火眼金睛，对旧中国的种种丑恶和弊端有了深刻的洞察和思考，对于中国朝野的各类人物有了新的认识，使其在私塾中产生的忧国忧民思想有了新的升华。同时，更重要的是，在这6年当中，他开始步入社会，以实际行动干预时政，甚至加入政党，真正开始走上政治道路，开启政治人生，为他此后登上中国政治舞台打下了坚实的基础。因此可以说，北洋法政专门学堂是李大钊这颗中国政治新星升起的地方。

血气方刚的李大钊，在这个时期改用“钊”做自己的名字。他勤奋好学，求知若渴。繁重学业带给他的不是压力和负担，而是兴奋和快乐。他给同学的印象是衣着朴素、品行高尚，富有侠义之气，而且见识卓越、学养深厚、能诗善文。尤其是他的文章风格酣畅淋漓，豪健俊伟，可以惊天地、泣鬼神，大有燕赵慷慨悲歌之士的遗韵。

第四次对话

阿青：博士您好！

博士：你好阿青！

阿青：李大钊的名字，对每个中国人来说都是耳熟能详了，然而对于这个“钊”字，好些人怕是不解其意吧？

博士：是的，作为宏观的历史，这是很小的一个细节。然而要了解一个人的言行动因，尤其是李大钊这样著名的人物，任何细节都不应忽略。

这个“钊”字，按清代知名学者段玉裁的《说文解字注》里面的说法：“金有芒角，摩弄泯之。释诂曰：钊，勉也，其引申之义也。”

把刚出炉的金属器具打磨光润，这是“钊”字的本意。

因此常被拿来譬喻学问修养的提升，诸如“切磋”“雕琢”之类，都是这个意思。

李大钊以此定名，这里面有何深意呢？福禄寿考等等字面，都是向外追求功名富贵，“钊”是对意志品格的淬炼磨洗，向内心精神世界的探求。再看他定下来的“守常”这个字号，“大钊”显然不是锋利刀剑的意思，这是意识到应该韬光养晦的头角峥嵘的青年。这是帝制废除后的中国，“希望”与“失望”转折关头，李大钊名字中的“岁月静好”的意想。

至少在这个时候，他不像孙中山那样看到了太多的腐朽没落，倒是有点儿像詹天佑一样以为勤奋读书就能凭着才华治国平天下。所以这时候的李大钊，不是只顾着追赶变法改良的洪流参与各种运动，更多的是意气风发地学习知识、认识世界。

小春：嗯嗯！我似乎明白了！多谢博士！

阿青：博士这样分析，让我联想到当代亲子教育。对青少年的了解，不怕细微，绝对应该不厌其详，就像医生看病问诊，岂敢不细啊！

博士先生喘口气儿喝杯茶，让我介绍一下这个学校吧。这个学校是受直隶总督兼北洋大臣袁世凯的指令创办的，面向全国招生。毕业生由学校申请比照高等学堂毕业生的待遇奖给“出身”，就是破格录用安排工作的意思。其中成绩优秀者，还可以派遣出国留学。

小春：待遇这么优厚，一定很难考吧？

阿青： 那当然了，全国一共只招收200人。

小春： 都考什么啊？是不是和现在律考的科目差不多呢？

阿青： 呵呵！和律考无关。就考两场。第一场是国文，出经义、史论各一题。

小春： 这个是大钊先生的长项，肯定没问题。

阿青： 嗯，这个考不住他。但是第二场外语和算学应该是吃力的，多亏他在永平府中学时学了两年英文和自然科学课程。

小春： 我们真应该向永平府中学致敬。没有这个中学，李大钊就很难接受高等教育，就很难有后来的辉煌业绩，更进不了北大。进不了北京大学，他就无缘结识毛泽东，而毛泽东如果没有李大钊的慧眼识人和思想引导，也许不会很快走上革命道路并参加中国共产党第一次代表大会，成为党的创始人和伟大领袖。所有这些，都好像有一位“命运之神”在着意安排。

阿青： 哈哈，你这不是宿命论吗？但是从另一个角度来说，中华民族历尽数千年磨难，自鸦片战争以来又受尽凌辱，天道运行的规律就是物极必反，穷则思变，变则通，所以中华民族的复兴是历史的必然，这就是中国的宿命。李大钊和毛泽东等中国共产党的创始人，就是大势所归的“吉星”，是中国人民的福星、救星。

小春： 是的！那么考试竞争一定很激烈吧？

阿青： 两场考试每场从早晨7点入场，下午5点交卷，长达10个小时，和过去的科举考试差不多，身体不好的恐怕都顶不下来。而且那时的考生都是自带干粮，不是馒头就咸菜，就是煎饼卷大葱。

小春： 那也太苦了，影响发挥呀！

阿青： 那时候条件就这样，没有办法。哪像现在的考生啊？提前好几天考场附近的宾馆就被考生家长预订一空。

小春： 孑然一身，经历了家国动荡，也不知道这个时期李大钊的心情怎么样呢。

阿青： 李大钊那段时间的心情，总的来说就两个字：压抑。尤其是爷爷去世后，家里一团乱麻，他的妻子很为难，又要给他筹措学费，各种压力可想而知。更重要的是边警不断，危机四伏，国势风雨飘摇，加之民生困苦达于极点。

小春： 咦？这么个人的事情，学长怎么知道的呀？难道是李大钊告诉你的吗？

阿青： 嗯，这些都是大钊先生自己说的。有诗为证：

感慨韶华似水流，湖山对我不胜愁。

惊闻北塞驰胡马，空著南冠泣楚囚。

家国十年多隐恨，英雄千载几荒丘。

海天寥落闲云去，泪洒西风独倚楼。

这是入学第二年李大钊写的诗。依照古代音韵，“胜”作平声，读如“声”，“独”作仄声，读如“杜”。这样读来平仄声调就完全调顺了，中间两联对仗灵活严谨、意象沉郁，感怀家国，说的都是少年愁。诗是灵魂的自语，最能透露一个人的心迹。

小春：一个 19 岁的青年能写出如此苍凉沉郁的诗，大有老杜“艰难苦恨繁霜鬓”的韵味，实在是太难得了。

阿青：小家大国，内忧外患，这个时期李大钊内心经历的巨大震荡可想而知。他的内心世界里，不再是岁月静好，而是多了烽火硝烟金戈铁马。李大钊给他的书斋命名为“筑声剑影楼”。

小春：这个名称挺奇特的。怎么讲呢？

阿青：所谓“筑声剑影”，取意荆轲刺秦王。在易水之滨，好友高渐离为其击筑壮行，后又与其同行，刺杀行动失败后，二人被杀。此二人是历史上有名的义士，李大钊仰慕他们不畏强暴的献身精神，所以给自己的书斋起了这样一个名字，意在时时以他们的精神激励自己。

小春：好！“筑声剑影”，似闻高渐离易水高歌：“风萧萧兮易水寒，壮士一去兮不复还。”壮怀激烈，义薄云天，有血性男儿的气概。在这艰难的时段，李大钊一定也有最难忘的人和事吧？

阿青：嗯，这期间发生的事太多太多。我拣重要的说几个吧。

第一件事是1910年参加立宪派召集的关于召开国会的第四次请愿活动。学校在“大讲堂”举行学生大会，声援请愿团，一个叫秦广礼的同学当场断指，在白布上写血书——“立宪救国”“速开国会”“誓死请愿”，贴在墙壁上。另一个叫孙可的同学用刀刺破肘臂，血流如注。同学们群情激昂，抱头痛哭，愤怒呼号，声震屋宇。那种悲壮激昂的情景，让李大钊终身难忘。会上选出8名代表，李大钊是其中之一。当天，天津各校学生一起举行罢课。为此，当局竟调来军队、警察，准备实行镇压。大多数同学听到这消息后都心生恐惧，找地方躲避。唯有李大钊和另一名代表白坚武相约拭目以待。这是他第一次勇敢地面对危险，当时才22岁，说不害怕是假的。但是大家选自己当代表，就不能认尿（sóng）。他认为，为民请愿是正义之举，古今仁人志士可以为此抛头颅洒热血，一想到这些，就止不住热血沸腾，什么个人安危、妻儿牵挂，都可以弃之不顾，“虽千万人吾往矣！”

第二件事是1912年滦州起义的组织者之一白毓昆慷慨就义。1911年10月武昌起义之后，各地纷纷响应。1912年初，驻滦州的新军官兵发动武装起义，为首者是冯玉祥，建立了北方革命军政府，后因寡不敌众遭到失败。白毓昆曾是法政学堂的地理教师，滦州起义时，被任命为北方革命军政府参谋部长。被捕后，他视死如归，说出震慑敌胆的豪言：“吾既为我主义而来，吾自当为我主义而死。”“此身可裂，此膝不可屈！”遂壮烈牺牲。白老师这种为主义而牺牲的英雄气概，使李大钊的精神受到一次庄严的洗礼——原来人的生命可以绽放出如此绚丽夺目的光彩！思量着这样的死胜过平庸的生，如果有一天自己需要为主义而献身的时候，白毓昆就是最好的榜样。后来，每次乘火车路过滦州的时候，李大钊都会情不自禁地想起白毓昆烈士，他是李大钊心中的一座不朽的丰碑。

第三件事是1912年夏日本举行纪念朱舜水逝世230周年祭典。闻此消息，李大钊“悲欣交集”，遂写了《朱舜水之海天鸿爪》和《东瀛人士关于舜水事迹之争讼》两篇文章，刊登在《言治》月刊上。朱舜水是反清志士，失败后亡命日本，但始终以恢复故国为念，心悬落日，血溅鲸波，虽然势穷力尽，从不灰心挫志，直到死而后已。李大钊对他孤独而不失火热、哀伤却不乏信念的悲壮之心，充满崇敬和同情。朱舜水享誉他乡，却不被同胞认同，李大钊对此深感悲哀。此后他经常以朱舜水的爱国精神勉励自己，矢志为民族解放事业而奋斗。

第四件事是1913年3月22日国民党三元首之一宋教仁遇刺身亡。宋教仁被刺，在当时是惊天大案，国人议论纷纷。李大钊当时是校刊《言治》的编辑部长，围绕此事写了好几篇文章，对宋教仁的死表示哀悼和惋惜，对民权问题做出了深刻的思考，认为宋教仁是“天以大任责斯人，生民利赖，旷世难遇”的“当代贤豪”。不过，他的文章并非只为悼念宋教仁，而是借宋教仁遇刺案来说明民国以来群德衰落的败象。

小春：什么叫“群德”？

阿青：群德是梁启超首创的概念，意思是“合群之德”，又称“公德”。李大钊认为宋教仁之死是由于奸人暗杀，而奸人之所以敢在光天化日之下行凶，是因为群德衰颓。所以他在文章中说：“死之者武士英，所以死之者群德也。”由此深入一步，他找到了民国初年国家混乱的深层原因，这就是“民力”薄弱导致民权旁落。他认为，“权之为物，其本体原具有一种实力”，将它放到某处，某处必须有相应的某种力与之相称，“否则未有不颠堕者”。民权与民众之间的关系也是这样，民众如果没有运用权力的德能，即使有人为其夺取了权力，民众也没有德能掌握权力，最后注定会民权旁落。所以民权旁落的最终根源还是“民德”的衰落。更何况那些趁势而起的枭雄武夫一朝权到手，便舍不得放下，于是你争我夺，战乱不已。这就是民国成立后，不但人民没有享受到民权民生之福，反而“益沦为涂炭”的根本原因。

小春： 振聋发聩啊！我头一次听到关于民权与民德之间关系的这种论述。这对于我们如何更好地实行社会主义民主也具有重要指导意义。我算了一下，写这些文章的时候，李大钊只有24岁，还是个在校生，居然能对民国初年的社会乱象有如此深刻的理论分析，在全国的思想界独领风骚，难怪他在俄国十月革命之后，立刻就看出了这场革命的世界意义，并预言：“试看将来的环球，必是赤旗的世界！”这是穿越时代的历史眼光啊！

阿青： 民族文化尤其是革命思想，更需要有渊源、有传承。李大钊的这些观点，也是受到梁启超和托尔斯泰的影响。

第五件事就是1913年春，李大钊参加了中国社会党，并被推举为该党天津支部干事。他的入党介绍人是陈翼龙。1913年夏，陈翼龙因与国民党人联系，准备在北京发动反袁活动，被京师警察所侦缉队逮捕，8月6日被杀害于北京。次日，中国社会党被宣布为非法组织，勒令解散。这件事在李大钊心中又留下一道伤痕。屈指算来，从蒋卫平开始，在他的朋友和他敬佩的人中已经有四人死于非命，而且都是年轻鲜活的生命。这使他深深地感受到社会黑暗势力的凶残和暴虐。对于一个二十几岁的年轻人来说，这是一种难以承受的心理压力，甚至心生畏惧。但是李大钊以往受到的教育、所敬仰的古代英雄人物，使他有勇气直面这淋漓的鲜血。孟子说大丈夫“富贵不能淫，威武不能屈”，古代的仁人志士能做到的，他也要做到。大约从这时开始，李大钊便下决心做一个以全部血泪倾注墨池、启发众生觉醒的有志之人。

经典导读

欲改良社会，非靠政治的力量不可，因为政治的力量，可以改革一切的社会问题。

注：节选自《社会问题与政治——在北京中国大学哲学读书会上的演讲》。

伍

留学日本
让山河易色的文豪

早些年我随中国青年代表团出访日本，曾经到过坐落在富士山脚下的山梨县。富士山是日本的“圣山”，也是日本的象征。说到日本，这也是绕不过去的话题之一。还记得当年我们被日方安排住在一个小旅馆里，这是个只有两层的古旧建筑，楼顶是个平台，上面摆着茂盛的盆栽花木，还有泡温泉的热水池。人坐在池子里，泡着温泉，吁气想家的时候，稍不留神，就瞥见了远处的富士山。正是初秋的季节，青碧葱茏的基底上，白色的山顶玉一般玲珑。雪线参差，又仿佛少女的头上，披着洁白的轻纱，摇曳着行走在森林湖水之间，仿佛妙曼的精灵。遥想陶渊明见到南山的那份“悠然”也无过如此。富士山与这个小楼与日间所见的日本面孔，都很难与侵略者的凶残联系起来。日本人遇到强敌的时候，便去向他们学习，“师夷制夷”，这真是维护尊严的良策啊。

无论是探讨中国史或是中共党史，“日本”这两个字都是一个无法忽略的结节。你想避而不谈那是不可以的，因为有侵华战争和南京大屠杀，在中华民族的躯体上留下了抹不去的伤疤。你想把这个蕞尔小国当作永世的死敌也未必恰当，毕竟从大唐开始两国间的往来曾经留下那样多的美好。

1972 年周恩来总理和田中角荣首相的会面，意味着两国邦交正常化的起步。

对于这个一衣带水的邻邦，来到我们的家园，无论作为朋友，还是作为强盗，日月为证，我们都不会遗忘。

日本明治维新之后，现代文明的大门率先打开，中国开始向日本学习，正如当年日本向唐宋派遣学生一样。

1913 年 7 月李大钊从法政学堂毕业，1914 年 1 月初，开始了留学日本的生活。这中间的几个月，主要是在家做些出国的准备工作，

纵观李大钊此前的人生轨迹，从 16 岁起离家学习，至此一共 8 年，还从来没有在家休闲这么长的时间。这可是他阖家团圆、体验天伦之乐的一段快乐时光。

到日本时正值年初，早稻田大学是秋季始业，因此只好又等了半年多。这期间李大钊遇到了一些人，经历了一些事，写了一些文章，算是一个独立的生活阶段，相关党史资料习惯上称这段经历为“初到日本”。

这期间他遇到的最重要的人物就是章士钊。章士钊，字行严，1881 年生，21 岁时考取南京江南陆师学堂，并成为该校的学生领袖。22 岁时，章士钊担任著名的进步刊物《苏报》的主笔，24 岁流亡日本，成为孙中山、黄兴的“智囊”。章士钊曾得到过袁世凯的青睐，甚至邀他担任北大校长，章以自己资历学识不够而婉拒。当袁世凯的反动面目暴露后，他立即南下参加反袁活动，撰写了“讨袁檄文”。讨袁失败后，章士钊再度流亡日本。1914 年，章士钊在东京创办《甲寅》杂志。《甲寅》是中国近代史上最著名的政论刊物，是《新民丛报》之后、《新青年》之前影响最大的杂志。中国共产党的两位主要创始人“南陈北李”，都与《甲寅》杂志有密切的关系。陈独秀的“独秀”之名，就是首先在这个刊物上出现的。李大钊也是因为给《甲寅》杂志撰稿，结识了章士钊，并成为终身挚友，由此突破了北洋法政学堂的狭小圈子，广泛地接受革命党人的影响，使自己逐渐成为具有全国影响力的人物。

第五次对话

阿青：博士您好！

博士：阿青好！我拜读了你关于日本的评述，娓娓道来，优游不迫的文风，读着让人愉悦。关于悠然见富士的一段体察感悟，简直太美妙了！常人必有烦恼，有身体就有疲倦，泡温泉正是这样的，开始的时候心是不静的，随着汗出如雨，筋骨散开，血气畅达，身心才能安定下来。“通仙灵”般也还是血肉之躯，必得是悠然一望，名山在目，整个灵魂刹那间被点亮了！

阿青：博士先生真是妙人！这境界是您的感悟，已经不是我的了，我当时可没想这么多啊。

博士：很多事，妙就妙在不多想。估计李大钊第一次远游异域的时候，会有很多见闻吧。

阿青：是啊，这事说来话长。1913 年 7 月，李大钊从法政学堂毕业，同期毕业的有不少人选择了从政，还有一些人到军队谋职。他既不想从政，也不想从军，于是应同学之邀到北京办报。到北京之后，见了孙洪伊，他是天津人，算是同乡，又曾参与创办天津北洋法政专门学校，算是李大钊的“校领导”。

小春：这半天我的眼前还是雪线参差的远山呐！李大钊和这位同乡在学校时认识吗？

阿青：那时李大钊就是一个普通学生，高攀不上他。但是他对李大钊倒是有印象。因为他参与创办学校，所以对学校的情况很关心，也很熟悉。李大钊那时是校刊《言治》的编辑部长，写的文章不仅数量多，而且思想新锐，文采华茂，大多被国内各报转载。

小春：听说李大钊当时被誉为“北洋二杰”之一。

阿青：是的，所以孙洪伊对他肯定是早有耳闻，不然也不会对他热情接待，又介绍他认识汤化龙。

小春：汤化龙是何许人也？

阿青：汤化龙是湖北新水人，曾留学日本，1909 年担任湖北咨议局议长，武昌起义后，担任湖北军政府政事部长。李大钊见到他时，他已被中华民国第一届国会推选为众议院议长，时年只有 39 岁，也算政治新秀。汤化龙和孙洪伊对李大钊都很认可，也可以说很欣赏。所以当他们得知有同学邀李大钊去日本留学，李大钊正为经费无着而烦恼时，便表示愿意给予资助。

小春：这是遇到贵人了，心想事成啊。

阿青：哈哈，是有点幸运。不过汤化龙做此决定，也有自己的考虑。恰巧他十岁的儿子要去日本读书，他有点儿不放心，所以委托李大钊顺便帮助照看。但不管怎么说，能够免费到日本留学，对李大钊来说都是非常难得的机会。他还是很感谢这两个人的。

小春：这样也好，代管孩子，免费留学，各得其所，哈哈！

阿青： 所以说嘛，事情别想得太简单，也不必想复杂，有些时候顺其自然就好。

小春： 听说汤化龙后来被国民党人暗杀，罪名是“袁世凯的走狗”，他这个人到底怎么样啊？

阿青： 武昌起义的功臣。当时黎元洪主军，汤化龙主政，是数一数二的人物。后来任首届国会的众议院议长，也是全国名人。袁世凯称帝后，他积极投入反袁活动，策动亲弟弟湖南督军汤芗铭宣布独立，对袁世凯打击很大。张勋复辟他也坚决反对。虽然他早期属于立宪派，参加革命后又有私心，在安排人员上偏向立宪派，所以受到国民党的打压，但是无论如何也不能说他是“袁世凯的走狗”。他是蒙冤而死的。

这是自兴中会成立以来暗杀之风的余波，到了1918年仍然搞这一套，李大钊是不赞成的。其实宋教仁之死应该让国民党人清醒并从中吸取教训，在党派争端中搞暗杀是不得人心的。

小春： 的确如此。无论怎么说，汤化龙也是新派人物，属于进步力量。张勋搞复辟，失败以后都可以在天津优哉游哉地当寓公。如果暗杀有理，他们为什么不去杀张勋，反而杀远在加拿大旅游考察、已是一介平民的汤化龙？

博士： 客观上说是触碰他们灵魂大，干起来风险小。

小春： 我的天！这太不讲理了。

阿青： 哈哈，言归正传。李大钊到日本之前还有两件事应该说说，因为它们让李大钊终生难忘。

小春：什么事啊，这么难忘？

阿青：1913年8月，陈翼龙被害后，政府当局到处追查中国社会党成员，李大钊也榜上有名。为了躲避追查，同时为出国做准备，他回到家乡乐亭，休整了几个月。

这期间有两件事值得一说。第一件是认识了五峰山上韩文公祠的守祠人刘克顺，认识的过程很有故事性。回家期间，李大钊与朋友游览碣石山，目的地是五峰山，可是由于山雨迷蒙，不辨方向，于是他便站在山头上高喊："五峰山你在哪里？"这时，忽然从云雾迷茫的半山腰里传出了一位老人的声音："这儿就是五峰！"

李大钊和朋友高兴极了，顺着声音一直寻到五峰山的韩文公祠，原来答话的是守祠人刘克顺。他把李大钊等人迎进家里，用松塔烧茶煮粥，还把自己亲手腌制的香椿芽和咸鸡蛋拿出来款待客人。李大钊和刘克顺老两口就这样认识了，后来他每次来五峰山避暑，总是住在刘克顺家。昌黎五峰山，几乎成了他的第二故乡。

小春：这位山农有这么"难忘"吗？

阿青：他不是普通的山农，在李大钊心目中，他是救命恩人。后来有几次北洋政府追捕他，他就躲到五峰山的韩文公祠，刘克顺老两口把他藏起来，北洋政府做梦也想不到李大钊会藏在这儿。更何况李大钊自幼父母双亡，最亲的爷爷也已离他而去，刘克顺老两口与李大钊相处，就像父母与儿女一样。对于这老两口的恩情，李大钊是终生难忘的。

小春：救命之恩，的确令人难忘。那么第二件事呢？

阿青： 第二件是，当他又一次到五峰山游览时，在昌黎火车站遇到一起日本驻屯军枪杀五名中国警察的事件。具体原因是，日军的两个士兵抢夺中国小贩的水果，受到中国铁路警察的制止。不久日本驻屯军包围了铁路警察局，将五名中国警察枪杀，还打伤多人。李大钊亲眼看见在地藏寺中一溜摆着五口棺材。此事给他极大的刺激，当时心情格外悲愤。后来在《游碣石山杂记》中，他特别记下了这件事，以表达愤慨之情。其中有一段是这样写的："彼倭奴者，乃洋洋得意，昂头阔步于中华领土，以戕我国士，伤心之士，能无愤慨！自是昌黎遂为国仇纪念地，山盟海誓，愿中原健儿，勿忘此弥天之耻辱，所与倭奴不共戴天者，有如碣石。"

李大钊就是怀着这样的心情，于1914年1月初踏上了日本海岸。

小春： 日军如此暴行，李大钊必是不能平静了，他初到日本会是什么心境呢？

阿青： 让李大钊印象最深刻的，就是参观"游就馆"。

小春： 游就馆是什么？

阿青： 游就馆是日本靖国神社内的一个战争博物馆。"游就馆"这个名称挺古怪的，出于荀子的《劝学篇》。

小春： 《劝学篇》我都会背，里边也没有"游就馆"啊。

阿青： 有没有"故君子居必择乡，游必就士"这句话？

小春： 有。啊，我明白了。"游就"二字就是从"游必就士"中演化来的。

阿青： 回答正确。在此处“游就”的意思就是，要向这些被纪念的帝国军人看齐。

小春： 你还别说，这日本人对中国古代文化的发掘运用真下了不少功夫，可惜这两个字用在靖国神社了。

阿青： 关键是展览的东西更让李大钊无法容忍。

小春： 什么东西?

阿青： 大部分都是从中国掠夺来的所谓战利品。而且上面都贴着标签，说明该物的由来，其中不乏张扬日本军人的荣耀和对我国军民的嘲讽之词。看到这些，李大钊心如刀扎，伤痛之感无以言表。关于这件事，他后来在文章中写道：“鼎彝迁于异域，铜驼泣于海隅，睹物伤怀，徘徊不忍去。盖是馆者，人以纪其功，我以铭其耻；人以壮其气，我以痛其心。惟有背人咽泪，面壁吞声而已。”

李大钊先生的这段话，真是摄人心魄的文字，值得当代中国青年反复诵读，永记于心，不忘国耻。

小春： 日本人的行径令人愤忿，也彰显了李大钊的国士之风。

阿青： 除此而外，对李大钊来说最有意义的一件事，就是见到了仰慕已久的著名学者章士钊先生。

小春： 章士钊先生在上个世纪70年代还活着。他们那么早就认识，真是寿星啊！但是对他的历史我不太了解，您能简单介绍一下吗?

章士钊先生

阿青： 章士钊，字行严，湖南长沙人，生于 1881 年，比李大钊大 8 岁。早年担任过《苏报》的编辑，主编过《国民日报》，曾先后在日本、英国留学，是学贯中西的著名学者。他主编的《独立周报》，李大钊非常爱读，并担任了该报在天津的“代派人”。到日本后，李大钊在翻阅报刊时，忽然见到《甲寅》即将出版的广告，于是就写了一篇题为《风俗》的文章，又写了一封信寄给主编章士钊，署名“李守常”。章士钊不知李守常是谁，询问身边的人，也无人知晓。再看《风俗》一文，立论稳健，说理透彻，文采飞扬，于是他按来信的地址给李大钊回信，相约会面。第二天，李大钊如约而至，在东京小石川林区的一间小屋子里，见到了章士钊。两人而后 14 年的交谊从此开始。

多年之后，章士钊在回忆同李大钊的友谊时这样写道：“吾二人交谊，以士相见之礼意而开始，以迄守常见危致命于北京，亘十有四年，从无间断。两人政见，初若相合，卒乃相去弥远，而从不以公害私，始终情同昆季，递晚尤笃。盖守常乃一刚毅木讷人也，其生平才不如识，识不如德。”

小春： 人生贵在知心。我怎么感觉他对守常先生的才学有看法呢？

阿青： 这是抑中见扬。章士钊的意思不是说先生的才识短浅，而是说他的见识比才学还要高，而他的品德又比见识高。从中国传统价值观的角度说，这是对一个人极高的评价。由此可见守常先生盛德感人，连章士钊那样的人物都由衷地赞佩。

博士： 我插两句话。他们见面之后，还有一个小插曲。他问李大钊：“守常是你的名，还是字？”李大钊说是字。他又问：“那你在文稿中为什么不署名呢？”李大钊说：“投文于《甲寅》，吾何敢与先生同名？”章士钊这才知道守常的本名原来是“大钊”，更加钦佩李大钊的谦逊。

现在的年轻人可能不理解，但是在中国古代确实有这个规矩，这叫“避讳”，也就是说，在说话和写文章时，遇到君主或尊亲的名字，都不能直接说出或写出，以表尊重。“为尊者讳，为亲者讳，为贤者讳。”在古书中，这种避讳的痕迹比比皆是，又称“史讳”，比如曹操的《却东西门行》中有这样两句：“神龙藏深泉，猛兽步高冈。”其实曹操的原文第一句是“神龙藏深渊”，唐人抄写古书时，故意把“渊”字改为“泉”，以避唐高祖李渊之讳。第二句的原文是“猛虎步高冈”，唐人为避李渊祖父李虎之讳，便把“猛虎”改写作“猛兽”。这种事太多了。不过既已民国，就不应再讲究这些了，所以章士钊说他“客套”。但是你想，初次和人打交道，又是德高望重之士，且不知这位章先生是什么脾气，还是讲究一点古礼，以示尊重为好，礼多人不怪嘛。

小春： 受教了，多谢博士！汤化龙不是让李大钊看管他的宝贝儿子吗？他是怎么管的？一定很有趣。

博士： 你先别急，刚才我们聊了章士钊和李大钊的交往，其实章士钊对中国共产党的另一位杰出领袖也产生过很大的影响，而且还留下了一些有意思的故事。

小春： 快给我们讲讲，这个人是谁啊？

博士： 他就是毛泽东。你们都知道，1918 年，毛泽东来到北京，经老师杨昌济介绍给李大钊，当上了北大图书馆助理管理员。而李大钊、杨昌济是经过章士钊的推荐才到北大任教的。后来，杨昌济向章士钊提起过他的得意门生毛泽东。章士钊通过观察，又找了毛泽东写过的一些文章来读，对毛泽东的印象非常好，向杨昌济连连夸赞，并支持毛泽东和杨开慧的婚事。

当时，为了推翻旧社会的统治，毛泽东和蔡和森等人成立了“勤工俭学会”，想要援助一批进步青年去欧洲勤工俭学。但是经费一直没有着落，于是毛泽东想到了章士钊，请他帮助。杨昌济也专门给章士钊写了一封信：二子海内人才，前途远大。君不言救国则已，救国必先重二子。章士钊爽快地答应了，向社会名流募捐，筹集了两万银元。他把钱交给了毛泽东，并告诉他不必归还。当时毛泽东在北大任职，一个月工资才八块钱，可见这两万银元可是不小的数字。后来这笔钱都用在资助留学生和建设《湘江评论》杂志上。章士钊的恩情毛泽东终生未忘。重庆谈判时遇见章士钊，他特意为章士钊帮助留学生募捐的事再次表示感谢。

1963年的一天，毛泽东听说章士钊生活窘迫，没有保障，就对章士钊的女儿章含之讲起了往事，说："从今年春节开始，我要还这笔欠了近五十年的债，一年还两千，十年还完。"后来，毛泽东从自己的稿费中每年拿出两千块钱送给章士钊，直到章士钊去世。

小春：毛主席每天要处理那么多国家大事，还能对五十年前的事念念不忘，真是一个知恩图报的人，让人敬佩！

博士：是啊，其实不光是章士钊，所有对革命有功的人，毛主席都铭记在心。好了，阿青继续讲讲汤化龙的儿子吧。

阿青：好的，这孩子让李大钊可没少费脑筋。他叫汤佩松，虽然没有不良习惯，但就是贪玩，对学习毫无兴趣。李大钊按照汤化龙的托付，为他找了一位英文补习教师，每个星期六下午学习两小时，之后找李大钊汇报一周的学习情况。此后每个星期六下午，不论多忙，李大钊都要抽出时间与汤佩松见面。为了不让这孩子有太大压力，一开始李大钊故意宽松。后来，李大钊提的问题越来越细致、越来越具体，他就有点招架不住了，局面常常十分尴尬。李大钊毕竟还是年轻人，也开始流露出不满情绪，态度愈来愈严厉。

小春：一个十岁的小孩，在异国他乡求学承受这么严厉的批评，人家爸妈不知多心疼呢。还不得埋怨李大钊吗？

阿青：估计李大钊当时没想这些，他想的不外乎就是受人之托、忠人之事，一定要对老汤负责。另外还有一个深层原因，就是特看不惯这孩子的公子哥习气。有一次李大钊实在忍不住了，批评道："你可知道，你远渡重洋到日本来求学，一个月要花多少钱吗？你也许认为你家有钱，不在乎。不错，你家里是有钱，但有钱并不能给你增加光彩，也不允许你随便浪费。像你这个样子，钱就等于扔大海里去了。"这话可能太刺激了，孩子痛哭失声。李大钊一看不好，马上又好言安慰。这样反反复复，对两个人来说，这段时光都比较难熬。

可是小春你知道吗？这位公子哥后来学好了，有出息了。

小春：这还真没想到，看来李大钊的心血没有白费。

阿青：后来汤佩松在美国约翰·霍普金斯大学研究院博士毕业，成为中国科学院学部委员、我国著名的植物学家。

小春：不奇怪。用一句时髦的话说，叫作一切皆有可能。

阿青：据汤佩松说，李大钊当年对他的批评，他还记忆犹新。那是一段很温馨的回忆。其实，如果不是李大钊当年严格督促他学习英文，他也不可能到美国念博士。汤佩松眼里的李大钊，表情看着平静温和，热情执着，但是偶尔也流露出急躁的情绪，还有他为达目的坚持不懈的做事风格和处事不惊、遇事不乱的心境。这和接触过或熟悉李大钊的人的回忆有很多相似之处，而且他的这种性格特征在许多文章中也有所表现。

博士：初到日本，李大钊写了几篇文章，比较有分量的是《风俗》一文。

阿青：他就是通过这篇文章与章士钊认识的。

这是一篇论述风俗与国运关系的文章。文中引用顾炎武的“亡国”“亡天下”之说来说明人心丧失、群德衰落的可怕后果：

“哀莫大于心死，痛莫深于亡群。一群之人心死，则其群必亡。今人但惧亡国之祸至，而不知其群之已亡也。但知亡国之祸烈，而不知亡群之祸更烈于亡国也。群之既亡，国未亡而犹亡，将亡而必亡。亡国而不亡其群，国虽亡而未亡，暂亡而终不亡。”

博士：李大钊所说的亡国是指国家被外国侵略而失去主权，和顾炎武说的改姓易朝的“亡国”不同。他所说的“亡群”则是顾炎武所说的“仁义充塞而至于率兽食人，人人将相食”的“亡天下”。

阿青：对于当时的政俗，李大钊更是严厉批判、痛加挞伐：“政如疾风，民如秋草。施其暴也，上之所好，下必有甚；逞其杀也，盈廷皆争权攘利之桀，承颜尽寡廉鲜耻之客，钩心斗角，诈变机谲。将军变色于庙堂，豺狼横行于道路；雄豪自专其政柄，强藩把持其兵权。论功闻击柱之声，思乱多满山之寇，勇不如郑伯，其民敢劫货杀人，信不如秦穆，有士皆鸡鸣狗盗。祭祷开淫祀之风，有类好巫，嘉禾锡聚敛之臣，庸知尚俭。仁暴不同，流风自异。与人以术不以诚，取士以才不以德。不仁不孝，乃受崇奖，有气有节，则遭摈斥。意向既示，靡然向风。少年不以学问为本，士夫但以势利为荣。谗谄面谀，青蝇惑耳；直言谠论，寒蝉销声……汉室之倾，宋社之屋，尚有一二慷慨就义从容尽节之士，以徇其所忠。循是以往，任群德之沦丧，若江河之日下……国终于必亡，人尚希苟免。一旦天倾地折，神州陆沈，旌旗飘扬于海外，壶箪奉负于中原，将求一正邱首而死者，亦不可得，亡群之祸，于斯为痛已。”

小春： 真是古雅而清新啊！如此振聋发聩之论，定是直击当年国人心灵，这就是文字的力量。

阿青： 是的。他在《文豪》一文中说：“洒一滴墨，使天地改观，山河易色者，文豪之本领也。”我看《风俗》一文就有这样的力量，而李大钊就有这样的本领。难怪章士钊先生一眼就看中了这篇文章，并在1914年《甲寅》月刊第1卷第3号上特辟《论坛》栏目发表，显得《甲寅》上的其他文章均不足“论”了。

这篇文章，单说文笔，也是严整华美、雄姿勃发，音韵铿锵、掷地有声。其语句更是巧妙传神，比之汉魏大赋也毫不逊色。中华古文的经典篇章，每如大匠造物，精工神韵，妙不可言。一篇入目，处处琳琅，“少一字则义阙，长一句则辞妨”。佩服！佩服！李大钊写这篇文章时才25岁！我在25岁时正为撰写研究生论文挠头呢。先生之才学真令我辈高山仰止、望尘莫及！

小春： 我也深有同感呢。

博士： 所以我每读这段历史，总是有一种感觉，李大钊还在五峰山上，几乎从未离开他的故国。江湖之远，忧思天下。宋代的苏辙说：“文不可以学而能，气可以养而致。”自古文章，乃至一切文字，乃至口头表达，技术手段终究在其次。那真正感天动地的言辞，完全是因为作者的心灵，所谓发自内心，感人肺腑。章士钊先生所推崇的李大钊的德，就是这种气质，至大至刚、感天动地，就是这种革命家的气质，就是这种共产党人的风采。

经典导读

送幼蘅

壮别天涯未许愁，
尽将离恨付东流。
何当痛饮黄龙府，
高筑神州风雨楼。

注：李大钊作此诗送友人幼蘅，以明快的诗句激励友人抛弃别愁离恨，放眼光明的未来，表达了自己“再造神州”的远大抱负和雄心壮志。黄龙府：宋代金人的都城，比喻敌人的老巢。

陆

在早稻田大学
寻找救亡图存之策

400 多年前，德川家康完成了日本的统一之后，在江户设立幕府，管理天下诸侯。诸侯的妻妾都在江户做着人质，加之各地诸侯每年都要到这儿述职表忠，使得江户城外甲州街道的驿站空前繁华起来。随着驿馆规模的拓展，便有了如今的“新宿区”，当时叫作“内藤新宿”，因为征用了高远藩国主内藤氏的一部分宅邸。从德川幕府时代至今，这里都是日本最繁华的商业街区。

江户这个地方最初是一片荒地，城市的建立大约是在镰仓幕府时期，那个《源氏物语》的时代。我们从“早稻田”这样的桃花源式的命名之中，或多或少也能感受到，明治维新时候的日本人对传统文化的钟爱，以及办学者的人生理想。灯红酒绿，广厦林立，早稻田大学就位于东京都西北的新宿区内。

早稻田大学的创办者，是日本明治时期的著名政治家大隈重信。大隈重信是佐贺武士出身，早期接受的教育是“朱子学”，也就是宋代大儒朱熹的思想，这是江户时代盛行日本的儒学。之后，作为明治维新志士游历天下，接触到了西方科技和哲学。重信做过两任内阁首相，曾经力挽狂澜，拯救了日本的财政危机。

据说大隈重信在担任首相期间，提交了一份就连野心家伊藤博文都被惊掉下巴的变法提案。为此遭到罢免之后，他在东京郊区一片稻田里，创办了东京专门学校，这就是早稻田大学的前身。

1902 年，在 20 年校庆之际，正式更名为早稻田大学。

“保全学术之独立，有效地利用学术，造就模范国民。”这是早稻田大学的建校宗旨，也是历届校长和学生为之努力奋斗的理想。

对于中国人来说，早稻田的名气远在其他大学之上。因为中国近现代史上不少名人都曾到这所大学学习。1905 年到 1910 年期间，每年有数百名中国留学生来到这里，6 年之间大约有 4000 多名中国留学生从这里毕业。这是一个很奇怪的现象：一方面这个时期经过中日甲午战争和日俄战争，日本人的狼子野心已经昭然若揭，一切有血性的中国人无不对其切齿痛恨；可是另一方面中国人又成群结队地到日本留学，从而不可避免地看日本人的脸色，受日本人的教训，听日本人的冷嘲热讽。面对这种尴尬处境，作为一个中国人情何以堪呢？当然，我们理解，这些留学生中大部分人是为了中华之崛起而忍辱负重的。比如周恩来，比如鲁迅，比如李大钊，就是这样的人。

李大钊实际只在早稻田大学就读了一年半时间，后因回国参加救亡活动经常缺课，被学校以“长期欠席”为由除名了。其实，就是不除名，他也无法坐在这里安心读书了，因为国家的命运，因为人民的苦难在向他召唤，他不能无动于衷，这是他的使命。“铁肩担道义”，并非别人让他担，而是他自己要担。这就是李大钊。

早稻田大学时期的李大钊

李大钊虽然经常“欠席”，但是学习成绩仍然是居中上的。他第一学年的考试成绩在总共106名同学中排名第40位。这对于一个没有经过预科学习，直接升入本科的学生来讲，是很不容易的。此外，在这一学年里，他还选学了几门“随意课”——哲学、明治史、第二外语，还写了那么多脍炙人口的灿烂文章，积极参加反袁活动，担任留日学生总会编辑主任。短短的一年半时间，他学了这么多，写了这么多，做了这么多。这不是用“勤奋”两个字就能简单概括的。

第六次对话

阿青：博士您好！

博士：阿青好！

阿青：对于早稻田这个话题，博士一定有高见吧？

博士：关于早稻田和李大钊的留学，我暂时还拿不出来有价值的观点。不过，我却留意到阿青用较多的笔墨介绍了早稻田大学的来历，让我若有所思啊。

阿青：博士先生果然是慧眼，什么都瞒不过您。

博士：其一，从江户德川说起，意味着统一的国家、相对安定的社会环境，对于文化传播发展，是非常重要的条件。

其二，德川家康、源氏、大隈重信都是各个历史时期举足轻重的人物，隐隐约约地透露着“宏伟事业”的光亮，这就涉及其三。

其三，儒家毕生用力处，无外乎修身齐家治国平天下，“朱子学”作为儒学经典在日本长期传播，尤其少年受业，人生影响何其深远，这会在几代人的头脑中打下一个显著的烙印——天下。

其四，一个私立大学能走多远，能发展到什么规模，创办人的影响力至关重要。

阿青：这样的对话，让人何其快乐啊。是的，清末民初的那段时间，中国青年去日本留学的人虽然很多，但是学者如牛毛，成者如凤羽，不少人也花了钱也受了罪，只是镀了一层金却没淘到金。

博士：只要到了那环境，也就必然受熏染，那些人回来之后精神风貌毕竟不同，所谓开了眼界吧。我一直都以为，教与学，是两个精神世界的沟通关联。没有敬，打不开门；没有爱，见不到人。生活中常有这种现象：两个人关系很好的时候，对方为你出谋划策给你建议，你都会欣然领受，就像水流花开一般自然而然。可是一旦友尽情绝，欣然领受的那些也会悄然敌视起来，仿佛连根挖走才好。这就好比人们饮酒，喝到肚子里舒服时，人也精神情绪也高涨。如果肚子不适应，又塞心又上头，是里外不得劲儿。

小春：那中日的关系，当年并不是友好的，李大钊家乡的好几个警察就是被日本军队枪杀的，这“敬”和“爱”可就难了。

阿青：是的，所以李大钊的表现让人费解，有时候很坚定，有时又很率意，究其原因，或在于此。

博士：对，但是人也会为了一个目标，给自己一些理由，让自己委曲求全，这就是“适应能力”。本国同学之间，相互勉励相互帮助，是在异国学习最佳的路径。再就是“客观”看待日本人的群体，从中区分出敌对的、友好的人。

小春：就像歌词里唱的：“给我一个理由，让我去追求。”

阿青：哈哈，是这个道理。李大钊应该早就给自己一个理由了吧，你看他在校学习期间的课业，分明是尽了力的。

就说这个学校的有关规定和课程设置吧。1914 年 9 月 8 日早稻田大学新学年开学，李大钊是当天报到的，直接进入政治经济学本科一年级。按照早稻田大学的规定，新生入学伊始，本应先读预科，预科期满通过考试后，才能进入本科。但是因为李大钊有在天津北洋法政专门学校 6 年专科学习的基础，经早稻田大学确认资格，允许直接进入本科。

早稻田大学政治经济学科的师资力量十分雄厚，在该科任教的 41 名教师中，有教授 32 名，讲师 9 名，其中博士 18 名。功课安排得十分紧凑，第一学年必修课程有国家学原理、帝国宪法、应用经济学、经济学原理、近代政治史、民法要论、刑法要论、政治经济学原著研究、古典经济学原著研究及英文练习、日语作文等 10 余门。

小春：这么多课程，受得了吗？我一听脑袋都疼。

阿青：因此我们完全可以推定，李大钊在早稻田大学的学习，既满负荷又认真努力。事实证明，他在早稻田大学修完的这些课程，对于后来的写作和教学工作，尤其是接受和传播马克思主义理论帮助很大。

小春： 李大钊在早稻田大学一定经历过最有意义的事吧！

阿青： 在李大钊看来，最有意义的事就是通过选修科目认识了讲授“都市问题”的安部矶雄老师，并通过他最早接触了社会主义思想。在早稻田大学的教师中，李大钊和他走得最近，经常到他的住处请教。安部对李大钊的思想成长确实产生过很大影响。安部从 1899 年开始就在早稻田大学以社会主义立场讲授经济学了，但是同时他又是一个虔诚的基督徒，所以他的社会主义思想带有明显的宗教特征，可以称作“宗教社会主义”。

小春： 还有这种社会主义？头一次听说。

阿青： 《共产党宣言》里边说了很多种“社会主义”，其实远远不止这些，很多人都把自己的思想说成是“社会主义”，所以我们一定要学会鉴别真假社会主义。安部的特点是非常注重从精神方面阐释社会主义，他的名言是：“以人类爱为中心，使宗教与社会主义在我的心中浑然融合一体。”这显然不符合社会主义的本义，但不管怎么说，李大钊毕竟从这时开始接触了社会主义思想。

博士： 全新的思想，譬如“社会主义”“唯物主义”，对旧头脑而言，无异于新的“次元”，根本不是一个层级。这也是当年的进步青年出国留学的意义所在——从新世界的视角看全世界。

阿青：在留学期间还发生了一件大事，这就是1915年1月，日本政府向中国政府提出了妄图独占中国的“二十一条”。闻此消息，留日中国学生无不义愤填膺。1915年2月，李大钊参加了中国留学生为反对“二十一条”举行的抗议活动，加入了中国留日学生总会，并受该会委托，撰写了《警告全国父老书》。

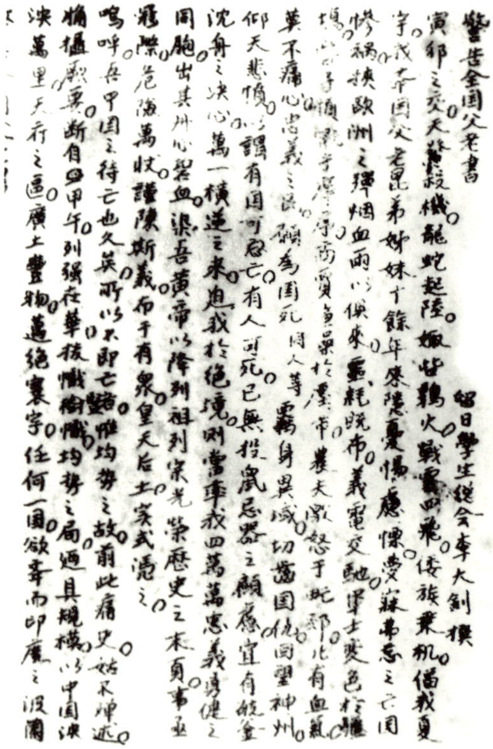
警告全國父老書
留日學生總會李大釗撰
甲寅之交，天發殺機，龍蛇起陸，媧皇鵁火，戰雲四飛，倭族乘機，[illegible]我夏
宇。我舉國父老昆弟姊妹十餘年來隱憂浩慮，[illegible]之亡國
慘禍，挾歐洲之彈烟血雨以俱來。噩耗既布，義電交馳，軍士變色於疆
[illegible]，學子[illegible]於庠序，商賈[illegible]於廛市，農夫[illegible]怒于[illegible]，凡有血氣，
莫不痛心，忠義之民，願為國死。同人等羈身異域，切齒國仇，回望神州，
仰天悲憤，以謂有國可亡，有人可死，已無投鼠忌器之顧慮，宜有破釜
沉舟之決心，萬一橫逆之來，迫我於絕境，則當率我四萬萬忠義勇健之
同胞，出其丹心碧血，染吾黃帝以降列祖列宗光榮歷史之末頁，[illegible]
[illegible]際，[illegible]萬狀，謹陳斯義，布于有眾，皇天后土，實式憑之。
嗚呼！吾中國之待亡也久矣，所以不即亡者，惟均勢之故。前此痛史，姑不俱述。
[illegible]斷自甲午，列強在華[illegible]，[illegible]均勢之局，迺具規模，以中國決
決萬里天府之區，廣土豐物，邁絕寰宇，任何一國，欲奪而[illegible]之波瀾

1915年，李大钊代表中国留日学生总会执笔撰写6000余字的《警告全国父老书》，通电全国，揭露日本帝国主义并吞中国的侵略野心和袁世凯丧权辱国的罪行，指出吾国民今日救国之责“首须认定中国者为吾四万万国民之中国，苟吾四万万国民不甘于亡者，任何强敌，亦不能亡吾中国于吾四万万国民未死以前”，有力推动了反日爱国运动。图为李大钊《警告全国父老书》手稿

小春：我历史学得不好，“二十一条”都有哪些内容，学长能不能简单介绍一下？

阿青：对于现在的年轻人来说，“二十一条”可能只是历史概念。可是对于李大钊这一代人来说，“二十一条”犹如晴天霹雳，震得人怒发冲冠、血泪横流。为什么这么说？因为这“二十一条”犹如架在中国人民脖子上的钢刀，他们真真切切地感到，这回真的要亡国灭种了。你想想，还有比这更可怕的吗？

小春：后果那么严重吗？

阿青：看看“二十一条”的主要内容就知道了。它包括：中国政府承认日本接收德国在山东享有的一切权益；日本在中国“南满”和“蒙古东部”享有特殊权利；中国政府答应所有中国沿海港湾和岛屿概不让与或租与他国；中国政府须聘任日本人担任政治、财政、军事等方面的顾问；给予日本人在中国内地开设医院、寺院、学校等的土地所有权；中日合办警察、军械厂；中国国内如发生内乱，日本有权参与平乱。如此等等。别的不说，单是这最后一条就等于敞开国门，让日本军队在中国横行，这还不严重吗？

小春：真是丧权辱国，这日本人是真想一口把中国独吞下去啊！

阿青：自从鸦片战争以来，中国政府被迫签订了许多不平等条约，割地、赔款、租借、通商，数不胜数。可是所有这些条约对于中国的危害都是有限的，有数的。比如庚子赔款，虽然是天文数字，但毕竟有限。这“二十一条”不一样，这是让中国彻底臣服、彻底灭亡的催命符。人们一直讲要亡国了，要被瓜分了，这回虽然没有被瓜分，却要被日本这个“蕞尔小国”一口独吞了。

小春：那中国留学生在日本抗议不危险吗？

阿青：当然是受限制的集会活动，针对的是中国政府。抗议集会于1915年2月11日下午在日本东京神田区基督教青年会所在地举行，3000余名留学生参加。由于警察干涉，原定4个小时的集会，不得不压缩为2个小时。与会者无不有亡国之痛，呼天抢地、义愤填膺，口号声、演讲声慷慨激昂。当时的驻日公使陆宗舆曾电劝中国政府接受日本人的条件，学生便提议“以老拳饷之”，可见愤激之情。

集会后成立了中国留日学生总会，派代表回上海敦促召开国民大会、抵制日货。李大钊撰写的《警告全国父老书》被油印成册，在留学生中间散发，并被带到国内。

小春：一定又是一篇美文。

阿青：说是美文不合适，应该说是唤醒国人的泣血雄文吧。

“寅卯之交，天发杀机，龙蛇起陆，娵（jū）訾（zī）鹑火。战云四飞，倭族乘机，逼我夏宇。我举国父老兄弟姊妹十余年来隐忧惕栗，梦寐弗忘之亡国惨祸，挟欧洲之弹烟血雨以俱来。噩耗既布，义电交驰。军士变色于疆场，学子愤慨于庠序，商贾喧噪于廛市，农夫激怒于畎郊。凡有血气，莫不痛心，忠义之民，愿为国死。同人等羁身异域，切齿国仇，回望神州，仰天悲愤。以谓有国可亡，有人可死，已无投鼠忌器之顾虑，宜有破釜沉舟之决心。万一横逆之来，迫我于绝境，则当率我四万万忠义勇健之同胞，出其丹心碧血，染吾黄帝以降列祖列宗光荣历史之末页。”

铿锵有力，犹如洪钟战鼓，撼人心魄。

小春：果然是壮怀激烈的泣血之文！今日诵读，犹能令人热血沸腾，当年江东父老能不愤然而起、同仇敌忾？

阿青：李大钊在这篇文章中，回顾了甲午战争后20年间之痛史，分析了中国之所以没有速亡的原因，是因为列强在侵华过程中形成了“均势”。这说明李大钊先生对于中外历史、世界局势、国际关系已经有了较为准确的宏观把握，说明他运用政治学理论观察现实政治问题已经高屋建瓴、洞若观火。这在当时国内肯定是第一流的水平。

小春：这时他才26岁，多么年轻啊！

阿青：李大钊不仅对日本政府的阴谋诡计洞若观火，而且对中国乃至亚洲的前途命运也有惊人准确的预测，这种穿越历史的眼光，如无深厚的学养、过人的智慧，实难做到。他在文章中说，日本欲独吞中国，中国人不甘亡国，双方必将决裂，西方列强则会趁机议和，挥师东向，以日本为敌，以中国领土为战场，其结果不仅中国有亡国之虞，日本也不会幸存。那样一来，将至“黄种沦于万劫之深渊，皙人独执世界之牛耳”。那么试看一战之后的历史走向，种种事实竟与先生的预言惊人相似。比如，中日果然大战，西方列强果然挥师东向与日本开战，又果然以中国领土为战场，结果是日本一败涂地，美国和苏联成为世界超级大国。

小春：李大钊真可谓目光如炬，仿佛穿越了历史时空。

阿青： 李大钊有一段话评论日本人，可谓入木三分（有省略）：“恃强挟迫，无理要胁，大欲难填，野心不死，是不义也；……戕贼人道，涂炭生灵，是不仁也；……利令智昏，同根自煎，辅车既失，唇亡齿寒，是不智也；……趁火打劫，强盗所耻，堂堂国家，且又过之，是不勇也；……世俗相交，犹重然诺，国际宣言，弃若敝屣，是不信也。此不义、不仁、不智、不勇、不信之行为，于日本为自杀，于世界为蟊贼，于中国为吾四万万同胞不共戴天之仇，神州男子，其共誓之！”

小春： 痛快，骂得痛快淋漓！当年的日本就是这样，可恨之极！不过，我有一点意见不知当不当讲？

阿青： 但讲无妨。

小春： 那我真讲了。李大钊先生说：“神州男子，其共誓之！”这不是轻视我们女性吗？

阿青： 这你还真冤枉他了。其实，尊重妇女，争取妇女解放，是李大钊先生的一贯主张。从这篇文章的气势看，就像是檄文一样，是战斗动员。人不说嘛，战争让女人走开。“男子”指的是战士，这也是古人的习惯说法。

小春： 哦，那我明白了。我忽然觉着应该再读一遍李大钊先生的这段文字，意味绝不相同。我还想请教一个问题，这篇文章开头的“龙蛇起陆，娵呰鹑火”怎么讲呢？我在网上做了检索，看过几种说法，还是有点儿摸不着头脑。

阿青： 我也与小春有同感，正想请教博士呢。

博士： 我也只是有个推断，谨供二位参考。“天发杀机，龙蛇起陆”这两句都来自《阴符经》。《阴符经》是我国古代治国用兵的重要经典，由此亦可看出李大钊平日里所学的范畴，足以见得他救国救民的雄心壮志。按照经文原意，这两句的意思就是，当天地发动杀机释放地震、战争等灾祸的时候，原本安稳隐藏于陆地的龙蛇，受到惊扰就会离开巢穴甚至在天空飞腾起来。“天发杀机”说的就是第一次世界大战。“娵訾”“鹑火”是两个星宿名称，它们的分野在河南一带。“二十一条”相关的内容以及事件都与河南没什么关联，李大钊为什么要强调这里呢？或者说我们凭什么说“娵訾鹑火”必定是说星野分布呢？有一条信息是与此地此时有关联的，那就是袁世凯的故乡——河南项城。天下大乱，群雄并起，你袁某人执政，竟然发生了“二十一条”这么丧权辱国的事情？我个人觉得这应该就是李大钊想要表达的意思了。虽未指名道姓，大家各自心领神会：我呼吁全国人民起来挺你，你自己也好自为之。

小春： 原来是这个意思！仔细想想还真是这么回事，其他的解释都没联系实际、风马牛不相及。受教啦，多谢博士！

博士： 李大钊的文风，再怎么说也是与古人更近一些。而中国古代文豪们动心用笔，都是想着如何用最少的笔墨，表达丰富的内容。尤其古人的文字，别光当作概念看，要当作意象看。古人说王维诗中有画，就是这个意思。画里涵盖的内容更多、更大。

小春： 我查阅历史资料，李大钊在日本期间陈独秀也在，他们两个人相处如何啊？

阿青：是的，李大钊在日本留学期间，陈独秀也应邀到日本帮助章士钊办《甲寅》杂志，此后大约一年时间，他们同在日本，又都与章士钊有密切联系，而且1914年11月，他们还在同一期《甲寅》杂志上发表文章。每当我们翻阅早期党史，“南陈北李”四个字格外醒目，令人景仰。由此很容易让人浮想联翩，觉得二人在日本一定见过面，他乡故知，相处的时光一定是快乐的。其实呢，这个真没有。可能是阴差阳错吧，在日本期间，他们从来就没有见过面。

小春：你看多么遗憾啊，他们二位是建党初期的“双子星座”啊，南陈北李，双峰插云。

阿青：他们的密切接触是从1918年1月李大钊到北大之后开始的。不过，在日本时他们的思想也有交集，主要通过写文章讨论问题。

小春：他们一定是惺惺相惜吧？

阿青：相反，是各抒己见，经常是差一点儿就吵起来。因为陈独秀有一篇文章《爱国心与自觉心》，观点偏激，在读者中引起轩然大波。为此李大钊就写了《厌世心与自觉心》，既表示对陈文意旨的理解，也谈了自己的一些不同看法。总之，属于以文会友、善意切磋吧。

小春：陈独秀文章的主要观点是什么？

阿青：主要观点是，中国历史上的专制国家，“凡百施政，皆以谋一姓之兴亡”。这样的国家“实无立国之必要，更无爱国之可言”，“其爱之也愈殷，其愚也愈甚”。意思是说，历史上的所有爱国者都是“愚忠”，根本不值得肯定。他还认为，当时中国的袁世凯北洋政府黑暗透顶，这样的国家，有还不如无，灭亡了也不足惜。他认为中国人的生存状态不仅赶不上印度、朝鲜等殖民地人民，甚至赶不上亡国的犹太人。所以亡国也不可怕。陈独秀在文章最后愤激地写道："呜呼！国家国家，尔行尔法！吾人诚无之不为忧，有之不为喜！吾人非咒尔亡，实不禁以此自觉也。"李大钊认为他嘴上说"非咒尔亡"，实际他的文章给人的印象就是"咒尔亡"，恨不得它立刻就亡。

章士钊对陈独秀的文章很欣赏，称赞他是"汝南晨鸡，先登坛唤"。

但是这种说法我很难理解。当时的中国再差劲，好歹也是父母之邦啊，怎么能"咒它亡"呢？所以他的文章一发表，编辑部就接到十余封来信，纷纷诘问，斥责作者："不知爱国，宁复为人，何物狂徒，敢为是论？"

小春：哈哈，说陈独秀是"狂徒"？看来此人少见多怪了。再过两年，让他领教一下陈独秀在新文化运动中呼风唤雨的能力，那才真叫"大胆狂徒"。

阿青：陈独秀说过这样一句话吧——"万恶孝为首，百善淫为先。"这等于把几千年的中国道德翻了个个儿。狂不狂？和这个相比，那篇文章的狂劲不过是小菜一碟。其实这不难理解，这是陈的愤激之词。他之所谓"孝"，是指扼杀新思想的反动的封建道德；他之所谓"淫"，是指冲破封建罗网、追求个性自由解放的新思想、新道德。这是陈的语言风格，语出惊人。

小春：学长这番解读倒是我没有想过的。

阿青： 看来他的这篇文章也是愤激之词，应该换一个角度来理解。因此李大钊觉着，虽然两人也有不同观点之争，但这是次要的。鲁迅有一句话，叫作“哀其不幸，怒其不争”，所以他要呐喊一声，唤醒国人。陈独秀则不仅是哀其不幸，怒其不争，而且还恨其不醒。所以他懒得喊了，干脆说，睡吧，睡死拉倒。于是有的读者就很愤怒，说他冷血，眼看国家要灭亡了，一点不痛心，反而说这样的话。在李大钊看来，其实陈独秀不是冷血，相反，他的心中有一团火，为国家民族的命运而熊熊燃烧，以至于头脑发热、急不择言。或以恶语惊醒世人之梦，或发毒咒宣泄悲愤之情。拳拳此心，天日可表。这对于陈独秀而言，也算是有异见的知己吧。其实在同等境界，即便是对手也是很容易相互理解的。你看陈独秀的文章，净说狠话，以为他的心很硬，其实李大钊知道，陈独秀的心里很苦闷，很悲伤，也很无助，几乎看不到光明。所谓“哀莫大于心死”，也不过如此吧？后来，在新文化运动中他向封建传统纲常伦理制度和思想发起的猛烈攻击，以及号召青年打破一切偶像崇拜、实现自我觉醒的决心和勇气，正是他这种苦闷悲伤心理的总爆发，可谓不鸣则已，一鸣惊人。

博士： 这就是中国传统文化风习，文人的清高孤傲，不会因为关系的远近，而拿着道义做人情。古往今来，试想那些士大夫的风神，只觉得他们的身上，具备着绝不亚于赳赳武夫的豪迈气概。

小春： 刚才学长说，南陈北李的观点有分歧，具体指何而言呢？

阿青： 主要有三点。

第一，陈独秀的文章，从客观效果上说，是助长了国内的悲观厌世之风。李大钊认为，越是国势衰落之际，越要鼓励“孤臣烈士”精神作为救国救民的支柱和动力。

第二，陈独秀只看到旧的国家不可爱，这是不够的，应该号召人们“解散”旧的国家，建立可爱的新的国家。这样人民才有信心，有盼头。

第三个分歧有点学术味儿。陈独秀认为，中国古代的专制制度一点不民主，就知道压迫人民，不像西方国家有民主传统，人民有表达意愿的权利和机会。所以东方文化不如西方文化好。李大钊认为在文化问题上，应该承认差别，但是要慎言优劣。我们东方文化的特质在于“自抑以奉人”，而西方文化的特质在于“自存以相安”。两种不同文化精神决定了东西方风俗教化的差异，也决定了东西方政治结构的差异。李大钊不评价这两种文化精神的优劣，但他认为：“东西文明之融合，政俗特质之变革，自赖先觉者之尽力，然非可期成功于旦夕也。”

李大钊先生这个看法是从实际出发，而不是从抽象的概念出发空论优劣。这个观点在今天，在东西方文化日益融合、摩擦、碰撞的新的历史时期，仍然有重要的指导意义。

小春：表面看这是个政治问题，但是如果不从学术的层面做深入的探讨，是很难彻底解决的。

阿青：南陈北李之间，意见虽有不同，但在对袁世凯政治本质的判断上，李大钊更佩服陈独秀的眼光。陈独秀年长李大钊 10 岁，对中国官场政治的认识更深刻一些。李大钊当时还没有走出学校门儿，虽然书没少读，但是对社会的了解，对“江湖”险恶的认识，还很不够，尤其是对袁世凯

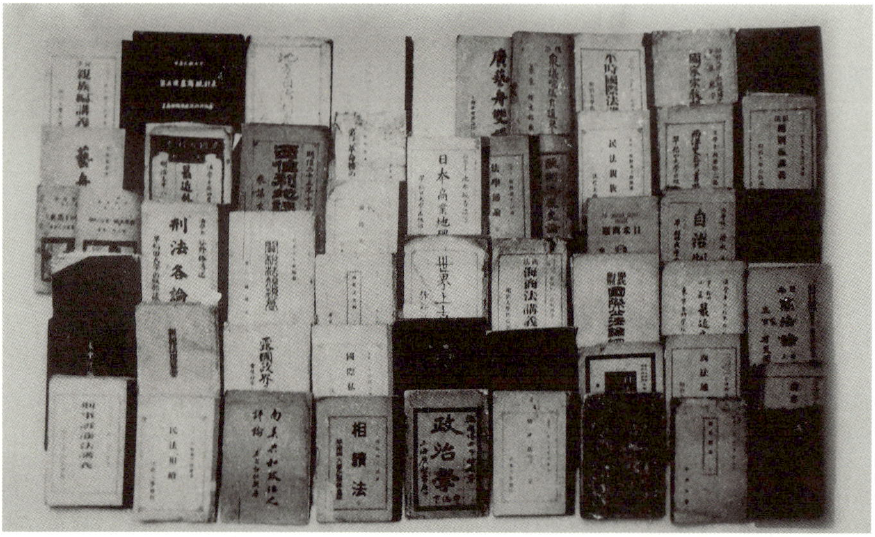

李大钊在早稻田大学学习期间阅读和研究过的部分书刊

政府仍然抱有幻想。但是后来的事实证明，陈独秀的“悲观”言论并非杞人忧天。这使李大钊从此对陈独秀刮目相看。可以说，在当时，没有几个人有此见地，谓之“独具慧眼”亦不为过。

后来帝制运动沉渣泛起，陈独秀回到上海，开始编辑《青年杂志》（后来改名《新青年》），高扬科学民主的大旗，掀起了一场新文化运动的思想风暴。至此，举国上下无人不知陈独秀了！

博士：《礼记 · 大学》上说：“大学之道，在明明德，在亲民，在止于至善。”提升自我，引领民众，走向繁荣富强——这是古往今来高等教育的宗旨。透过历史的时空，思索李大钊在早稻田大学的所作所为，与古圣人的精神境界竟是如此契合。他正是时刻都在弘扬着大道的人啊。

经典导读

我很盼望我们新青年打起精神，于政治、社会、文学、思想种种方面开辟一条新径路，创造一种新生活……

注：节选自《新的！旧的！》。

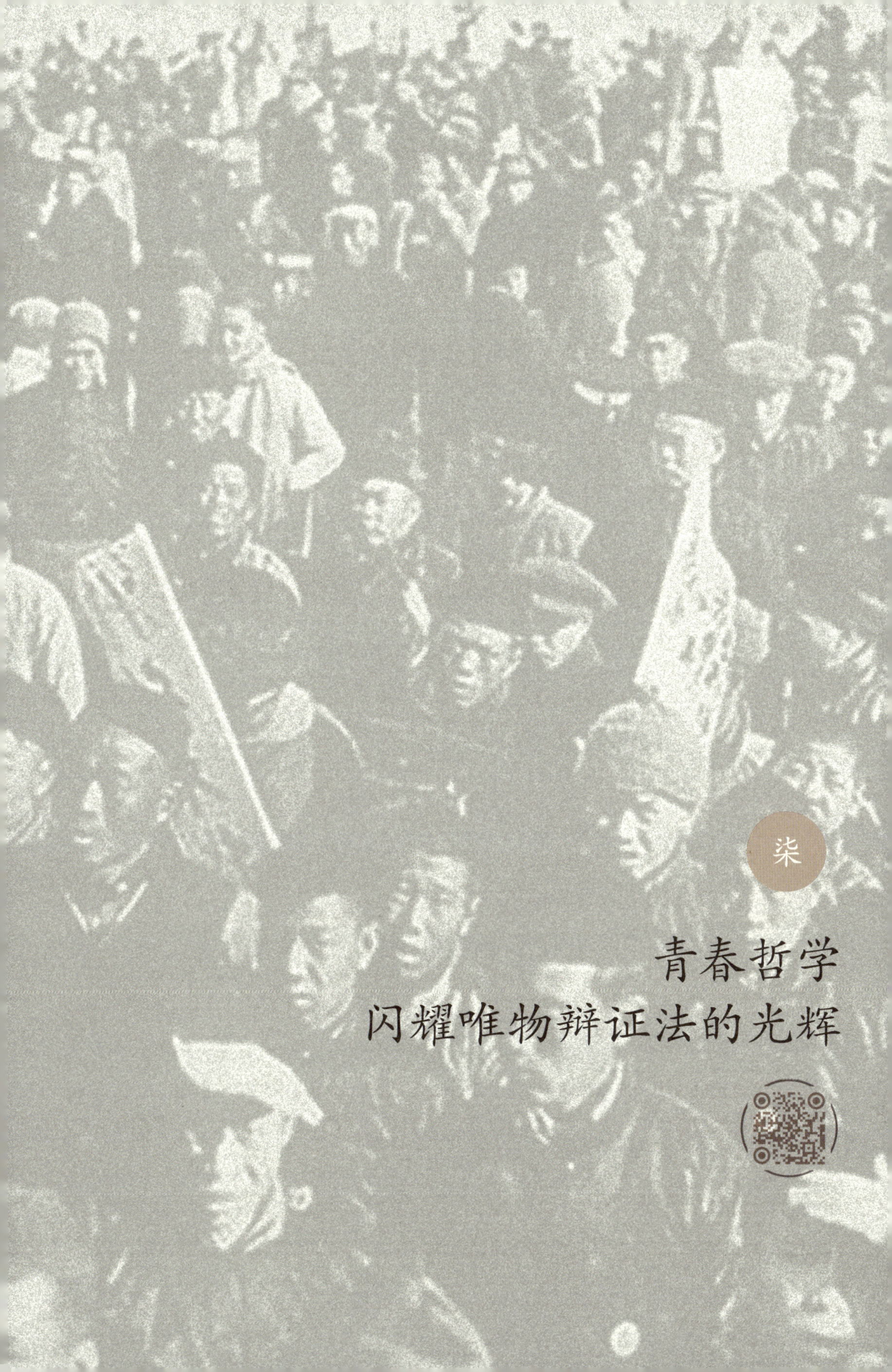

柒

青春哲学 闪耀唯物辩证法的光辉

因为有我提供的目录和编写纲要，博士每次与我们的对话，都是根据进程有所准备，就像对待大事一样，严谨周全，这种妥帖于高层次情理之美的举止，让我非常仰慕。我觉得像李大钊那样具备伟大人格的革命先辈们，在他们的身上同样有这样的美质。无论是为国家民族，还是为朋友，都是认真地筹谋，敦厚又温柔。孟子说，人乐有贤父兄。这种贤父兄的人格就像大海吧，总能让人不自觉地投奔而来，似乎能够承载你的一切，而又不至于让你沉溺依附丧失了自我。

博士的空间里有一篇关于《大学》的随笔，才读几句我就觉得有宏大的声音在脑内轰鸣起来。他说："读《大学》需端身正气、冥思朗诵，内心如对崇高的神明。""不要把'朗诵'这两个字当作一个词来看，要思索'朗'对你的要求，心与脑，智慧与情感，都要亮起来。"他说："这就是明明德。"

如果说习练少林武功是为了成为大侠，那么修习《大学》这门功课就是为了成为大贤。"明明德"的功夫就好比易筋经，能让人脱胎换骨。让人脱胎换骨就是"亲民"。这样的修行不是为了早登极乐或者升入天国，而是为了"至善"——属于全社会、全人类的无限美好的前景。

博士认为，"南陈北李"的思想不是凭空而来的，外来的哲学在他们的内心若非着落到实地，他们这样的人不会轻易就接受过来。新青年是"新"，青年也是"新"，都来自《大学》开篇的"在亲民"。"后来的读者要知道，那个时候，说那些话的人，是什么样的人。"譬如先整理精神，放松身心，进入冥想状态，然后再做那些规定动作，才能符合瑜伽的要求。博士揭示了古人读书的真相——先把自己圣贤化。然后我便按照博士的要求，让自己保持着虔诚的心，打开心脑所有的智能关窍，阅读电脑中的党史资料。

《青年杂志》书影

1915年9月，陈独秀在上海创办了《青年杂志》，把社会改造的希望寄托在青年身上。陈独秀写道："国势陵夷，道衰学弊，后来责任，端在青年。"他赞美青年"如初春，如朝日，如百卉之萌动，如利刃之新发于硎"，处在"人生最可宝贵之时期"。他把青年比作社会中新鲜活泼的细胞，呼吁青年"自觉其新鲜活泼之价值与责任"，掌握"自主的""进步的""进取的""世界的""实利的""科学的"思想观念，勇敢地同陈腐朽败者斗争，"一新其心血，以新人格，以新国家，以新社会，以新家庭，以新民族"。

《青年杂志》创刊不久，李大钊就在日本读到了这份杂志。他写于1916年初春的《青春》一文，即是对陈独秀《青年杂志》的有力声援。与陈独秀一样，李大钊写作《青春》一文的目的，也是鼓励青年要奋发有为，但是他的立意更高远，已经超越了青年之社会作用等时政观点的层面，是从宇宙观、人生观的高度切入，以激励青年认识自身的价值，树立奋斗的决心和信心。这可不是一般的抒情散文，更不是励志鸡汤，而是有着深刻哲学意蕴的政治宣言。它根据中国的传统文化，从天人合一的角度观察社会，实际是从哲学的高度为他激进的政治思想提供根据。他从宇宙自身的无尽生命中确认了个人、国家和民族生命的无尽，又从具体事物生命的生死循环中确认了旧中国的死灭与新中国的浴火重生之必然。这是《青春》一文最具革命意义的思想内涵。

大文豪郭沫若的《满江红》赞美毛主席著作，用了“有雄文四卷，为民立极”这样评价毛泽东思想的伟大价值，评价毛泽东文章的雄辩与浪漫，都是恰如其分的。自古的文章，有立就有破。你提出主张对手就会反驳。古往今来的文章巨公，其谋篇布局、遣词造句，如同指挥百万雄兵，是攻无不克战无不胜的。李大钊的《青春》一文，到底具有什么样的力量呢？在当时的中国，针对当时的传统文化，以及深受时代和文化影响的国人，针对即将围上来的攻击、质疑、困惑，《青春》布下了严整浩大的阵型，迅敏强力地狙击，真诚热烈地告慰。这就是天下无敌。

李大钊以火山喷发般的激情讴歌青春，在他看来，青春就是宇宙无始无终的生命活力，就是生生不息的运动！这就是李大钊的青春宇宙观。这是他从中国传统文化出发，用他自己的语言表述的辩证法的基本观点——运动是物质的基本属性。

李大钊认为，一个人只有“永续青春之生涯”，与宇宙“无尽青春”的部分时间与空间相耦合，才不虚此生。这就是他的青春人生观。他甚至主张要像宗教信徒信仰上帝那样相信人类有无尽的青春，相信人的知、情、意结合而成的再造精神、再造能力可以使个体、群体、地球永葆青春，可以使衰落、毁灭的民族和国家再生。这是对崭新的充满青春活力的新中国的深情呼唤。

在 2017 年《文汇报》的副刊《笔会》上，王蒙先生写了《重读李大钊的“青春”》一文。在这里，王蒙先生的“青春”激情，溢于言表：“李大钊此文从自然界的春天讲到了人的生命的青春，并且把青春解释阐发为理想、使命、事业、责任；这也是天人合一观念之时代化、革命化、神圣化。难道它不让今天的老中青年为之精神一振吗？”又说：“李大钊就是这样的学贯中西，文通今古。他的理念打通了哲学、史学、科学；他的主张整合了人生观、价值观、自然观、文化观；他的人格完美了革命家、思想家、义士、学人；他的文章古色古香、经典纯朴、至诚至善、如火如荼。他是先锋猛士，代表了汹涌澎湃的时代潮流。”

《青春》洋洋万言，如异峰突起，代表了近代中国哲学思想的新高度，其宏大的构思，广阔的视野，严密的逻辑，澎湃的激情，汪洋恣肆的语言风格，汉赋般的华丽与铺陈笔法，使它成为独具一格的哲学篇章。至于青春哲学之内容，更是孤响绝唱，为百年以来的中国奏响时代强音。

第七次对话

阿青：博士先生好！

博士：阿青好！

阿青：先生觉得，我的“青春哲学”这样的说法妥当否？

博士：甚是妥当。李大钊的这篇文章，就像打开城门的钥匙。处在当时的新旧阵营之间，如同一座森严的城堡，想要一窥其中的奥妙，倘若不遵循哲学的路径，恐怕连门都找不到。

阿青： 得到博士先生的首肯，我心立刻安稳了不少。《新青年》的影响力非同一般，以往的文学期刊难以与之相提并论。《新青年》原名《青年杂志》，从第二卷起改名《新青年》。李大钊的《青春》发表在《新青年》第二卷第1号上，时间是1916年9月1日，是对《新青年》的支持和声援。

从高中至今，我没少接触《青春》这篇文章，被提问最多的，便是写作背景和“青春”的含义。

小春： 据我所知，《青春》写作之际，恰遇袁世凯被迫于1916年3月23日正式发布取消帝制令，反袁斗争取得决定性胜利。所以李大钊笔下的“春天”既是指自然现象，也是指国家的政治气象。他所讴歌的“青春”具有多重含义。它既是人的一种感觉，同时又外化为人的身体、心理和行为。它不仅表现为宇宙的无穷生机与活力，同时也表现在个人与群体身上，故能“致我为青春之我，我之家庭为青春之家庭，我之国家为青春之国家，我之民族为青春之民族”。一句话，青春就是生命，青春就是活力，青春就是奋斗，青春就是创新。

阿青： 小春讲得真好！那么在这里“青年”一词你是怎么解释的呢？

小春： 在这里，“青年”就是青春的别名，而不仅仅是年龄的称谓。一个人只要具有青年之奋斗精神，那么即使白发苍苍，也永葆青春，也是一个活力充沛的“青年”。

阿青： 说得好！这是对青年和青春最好的诠释！

小春： 谢谢夸奖！我学得还很不够。得到学长表扬，深感荣幸。岂不闻“人生得一知己足矣，斯世当以同怀视之”。

阿青：哈哈！我说的都是实话，咱们与博士的这种交谈，就像知己之间的闲聊，即便谁都不说“开心”，亦是敞开心扉的。

小春：是的！有时候甚至觉得我们是坐在茶室里，有时又是在图书馆里，有时又是海滨林际，我就在一旁看着，你和博士两个人对面而坐，彬彬有礼又热情洋溢，就像两个古人。这样的对话形式，也是你说的博士的“美学”吧？感觉一切都好美的样子，内心仿佛有一炉炭火慢慢烘着，暖洋洋的。

博士：嗯，我早就说过，小春的感悟能力是一流的。

小春：我打小就是想象力丰富而已。

阿青：不止如此，你为人不浮躁，待人对事虔敬，所以聊天的时候思路总能跟上，哪怕是博士的妙理大道。我也理解博士经常使用典型图片，有时候确实需要打开或者限定“景境”。

博士：是的，语言本身承载的信息有限，所以古来文章大家，都很重视场景画面的布置安排。阿青只要开口说话，就让人欣悦啊。《新青年》和李大钊，开启了圣贤人格与虔诚心灵的互动，是一群人的合力，催发了新的时代汹涌的大潮。

阿青：《青春》这篇文章结构宏大，如何提纲挈领地把握其内容，对于一般读者来说有一定难度。此文篇幅近九千字，在当时文章中算是比较长的。开头“春日载阳，东风解冻”一段话，好比古代诗歌的起兴，是为了引出正文。正文的主要内容是总论青春之美好，青年之可爱。

“彼幽闲贞静之青春，携来无限之希望、无限之兴趣，飘然贡其柔丽之姿于吾前途辽远之青年之前，而默许以独享之权利。嗟吾青年可爱之学子乎！彼美之青春，念子之任重而道远也，子之内美而修能也，怜子之劳，爱子之才也，故而经年一度，展其怡和之颜，饯子于长征迈往之途，冀有以慰子之心也。”

小春：写得太美了。在李大钊先生的笔下，一年一度的春天就是青春姣好的面容，它以“柔丽之姿”，携来无限之希望，贡献于“可爱之学子”面前。因为青年学子们任重而道远，内美而外修，有高尚之理想，有神圣之使命，有远大之事业，有艰巨之责任。我深刻地感受到作为一个青年的光荣和自豪。同时感受到李大钊的文章里，到处都是博士的“美学”和学长的“景境”。

阿青：文章接下来讲，一切宇宙万物之轮回反复，连续流转，无非青春之进程。而这种无初无终、无限无极、无方无体之机轴，亦即无尽之青春。青年人应该有江流不转之精神，屹然独立之气魄，冲荡其潮流，抵拒其势力，以其不变应其变，以其同操其异，以宇宙之生涯为自我之生涯，以宇宙之青春为自我之青春。宇宙无尽，即青春无尽，即自我无尽。如此之精神，即生死肉骨、回天再造之精神。如此之气魄，真可谓慷慨悲壮、气吞山河！

惟真知爱青春者，乃能识宇宙有无尽之青春。惟真能识宇宙有无尽之青春者，乃能具此种精神与气魄。惟真有此种精神与气魄者，乃能永享宇宙无尽之青春。

小春：大气磅礴，酣畅淋漓！可是，“生死肉骨”怎么讲呢？

阿青：这是一种古文句式，称为“动词的使动式”。“生死”就是“使死人复生”，“肉骨”就是使枯骨长肉。在这里，“肉”是名词做动词用，当“长肉”讲。

接下来一段，讲的是地球与青年的关系。我最欣赏这句：“地球即成白首，吾人尚在青春，以吾人之青春，柔化地球之白首，虽老犹未老也。”这“柔化”二字用得妙极。

小春：我喜欢这几句：“吾人有现在一刹那之地球，即有现在一刹那之青春，即当尽现在一刹那对于地球之责任。虽明知未来一刹那之地球必毁，当知未来一刹那之青春不毁，未来一刹那之地球，虽非现在一刹那之地球，而未来一刹那之青春，犹是现在一刹那之青春。未来一刹那之我，仍有对于未来一刹那之地球之责任。庸得以虞地球形体之幻灭，而猥为沮丧哉！”我认为这段话的核心意思就是，地老天荒，青春永存。

阿青：嗯。这样的句式，往复排比，看似等同，实则蕴含着潜移默化之功，阅读稍不凝神，就不走心了。小春读得好。接下来一段很有意思，讲的是地球的变迁与人类的命运，其主要观点是：“人类之生活，反乎自然之生活也。”

比如人类有衣裳穿就失去了毛发，有熟食吃就退化了胃肠的消化功能。“其趋文明也日进，其背自然也日遐。”久而久之，“人类所以日向灭种之途者，若决江河，奔流莫遏，长此不已，劫焉可逃？”在这种情况下，人类应该“依人为之工夫，致其背逆自然之生活，无异于顺适自然之生活。斯则人类之寿，虽在耄耋之年，而吾人苟奋自我之欲能，又何不可返于无尽青春之域，而奏起死回生之功也？”

小春：语句太美了！而且明白晓畅，灌注心灵，毫无阻隔。这段话与习近平总书记所倡言的“人类命运共同体”的思想非常接近，也符合环保精神。李大钊的思想太超前了！

阿青：我也有同感。当然，“人类命运共同体”思想是当今时代的产物，在一百年前，无论何人都不可能提出这一思想。但是李大钊先生能在一百年前就为人类的命运设计解决方案，其思想内涵甚至外溢百年之后，我认为这就是“青春哲学”的魅力所在。

小春：赞同！因为人类命运是哲学的最高问题。《青春》一文正面回答了这一问题，所以谓之“青春哲学”是实至名归。我认为这是李大钊先生为我们青年人量身打造的哲学，所以学长才有“青年哲学”这个说法吧。

阿青：其实“哲学”这个词有狭义、广义之分。广义的哲学也可以指人生态度、做人准则之类。“青年哲学”就属于此类。

文章接下来讲中华民族之命运以及中国青年的责任。其中这段话我记忆尤深：“吾族青年所当信誓旦旦，以昭示于世者，不在龈龈辩证白首中国之不死，乃在汲汲孕育青春中国之再生。吾族今后之能否立足于世界，不在白首中国之苟延残喘，而在青春中国之投胎复活。盖尝闻之，生命者，死与再生之连续也。今后人类之问题，民族之问题，非苟生残存之问题，乃复活更生、回春再造之问题也。”

小春：寄希望于“青春中国之再生”才是李大钊先生写作《青春》的本意，对吗?

阿青：是的。还有这几句话，说得非常好：“白首中华者，青春中华本以胚孕之实也。青春中华者，白首中华托以再生之华也。白首中华者，渐即废落之中华也。青春中华者，方复开敷之中华也。”

小春：我更喜欢这段：“总之，青年之自觉，一在冲决过去历史之网罗，破坏陈腐学说之囹圄，勿令僵尸枯骨，束缚现在活泼泼地之我，进而纵现在青春之我，扑杀过去青春之我，促今日青春之我，禅让明日青春之我。一在脱绝浮世虚伪之机械生活，以特立独行之我，立于行健不息之大机轴。袒裼裸裎，去来无罣，全其优美高尚之天，不仅以今日青春之我，追杀今日白首之我，并宜以今日青春之我，豫杀来日白首之我，此固人生惟一之蕲向，青年惟一之责任也矣。”这是李大钊先生对中国青年的殷切期望。兴利除弊，革故鼎新，遵照先生的教诲，我们每个人都可以青春永驻了。

阿青：对！《青春》之结尾，是为青年鼓劲加油。

“青年循蹈乎此，本其理性，加以努力，进前而勿顾后，背黑暗而向光明，为世界进文明，为人类造幸福……”这样的文字和理念，读来就让人心生敬佩，让人忍不住再三诵读思索，直至满眼泪光。痛快！以青春之我，创建青春之国家，青春之民族。习近平总书记在纪念五四运动100周年讲话中指出：“五四运动以来的100年，是中国青年一代又一代接续奋斗、凯歌前行的100年，是中国青年用青春之我创造青春之中国、青春之民族的100年。”正是总书记赋予新时代青年伟大之使命。

博士：感谢阿青和小春的解读，我亦受益匪浅。对于《青春》这篇雄文，我从少年至今，每读一次感受都不相同。最初只是看谨严富丽的词彩，逐渐又发现了其中的山呼海啸，如今又觉得作者等于是再造了一个世界，用来安放那个时代的青年的激情和梦想。真是越懂事越明白李大钊的伟大，越长大就越崇拜他。

经典导读

是则地球一日存在，即吾人之青春一日存在。吾人之青春一日存在，即地球之青春一日存在。吾人有现在一刹那之地球，即有现在一刹那之青春，即当尽现在一刹那对于地球之责任。

以青春之我，创建青春之家庭，青春之国家，青春之民族，青春之人类，青春之地球，青春之宇宙，资以乐其无涯之生。乘风破浪，迢迢乎远矣，复何无计留春望尘莫及之忧哉？

注：节选自《青春》。

捌

民彝政治观
与共产主义不谋而合

博士的空间里有一段闲聊茶道的文字，我觉得特别有趣，或者说，深深地吸引了我的注意：

> 狭义的茶道，是对茶叶、茶具、冲泡方式的精细考究。分条划目地无限地求是，使得一个原本简单的行为变得意义深远，用当下流行的话说，就是形成了可持续性。商业价值由此产生。
>
> 然而一切的“狭义”，都是为“广义”做的铺垫。人们往往是嘴上说着这儿，眼睛却盯着那儿。此种也叫弦外之音。人们的眼睛盯在哪儿了？十目所视，十手所指，都在“影响力”上面呢。无论理论家们如何地穿凿茶道的本质，然而茶道的盛行，只是因为它在人与人之间尤其是群体大众之间的魅力。政治价值由此产生。
>
> 从礼节到义理，围绕着一只茶碗，结成了法网一样森严的“规矩”。极端的美，形成了可以掌控人的精神世界的力量，当然也就催生了茶圣利休与人杰秀吉的不可调和的矛盾。

我差一点儿就叫绝拍案，结果还是会心一笑。只是将那巨石入水般的惊骇，化作向时空之远方荡起的柔和涟漪，我多么想借此向博士传递我的心声：无论你在哪儿，无论你是谁，请接受我的致意。

中国新旧民主革命时期的精神领袖们，仍以国学为自己的理论基础。与西方文化思想相结合的同时，如何向国人阐发中西结合之后的先进思想，是他们必须深思熟虑的问题。也就是说，“四书”“五经”所代表的话语方式，乃至汉语修辞的美学特质，仍然是新文化、新思维的主要阵地。

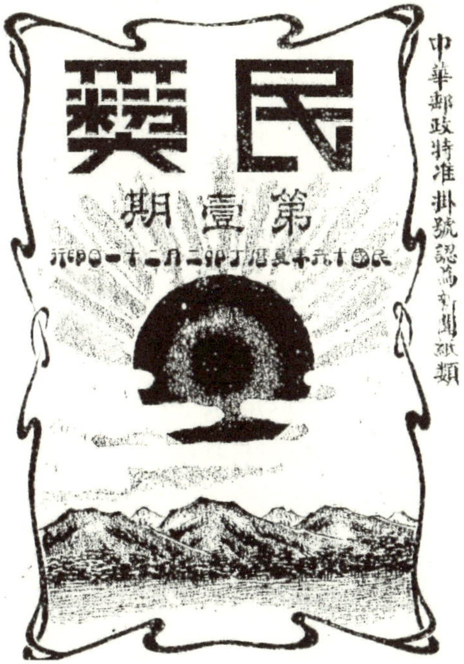

《民彝》杂志书影

“民彝”就是中国化的西方人文主义思想，就是《大学》三纲领之一的“新民”。围绕着这只茶碗，李大钊的话语权以及说服力，简直是无与伦比。

1916 年 1 月留日学生成立了中国留日学生总会，同时创办了机关刊物《民彝》杂志，李大钊担任主编。当年 5 月 15 日刊物正式出版，李大钊的一篇重要论文《民彝与政治》就刊登在创刊号上。

该文长达 14000 多字，是李大钊又一篇万言雄文。其写作年代几乎与《青春》同时，堪称“姊妹篇”。该文旁征博引，谈古论今，雄辞闳辩，上下求索。其内容涉及中国传统文化、西方现代思潮。就李大钊当时的思想而言，有革命民主主义的思想萌芽，也有无政府主义思想和托尔斯泰人道主义思想的影响，有追求理想社会的渴望，也有不切实际的美好愿望。所以有人说，这是李大钊著述中最难准确理解的一篇文章。

人们通常把此文的内容称为“民彝”思想，这种说法不够准确，因为它没有明确指出此文的政治思想内容，故称之为“民彝政治观”更合适。

此文的写作背景是，袁世凯复辟帝制，导致中国近代新型民主共和制度夭折，李大钊有感于这一惨痛的民族悲剧，陷入深沉的思考。从中国政治思想史看，“民彝政治观”不单是李大钊个人的政治观点，而且是那个特定时代政治思潮的写真，是时代的记录，也是颇具近代启蒙意义的理论。这是一份弥足珍贵的思想遗产，它为开创中国马克思主义史学和唯物史观奠定了思想基础。文章内容十分丰富，反映了李大钊对中国传统文化的批判继承，对西方民主主义思想有选择的吸收，以及从旧民主主义向新民主主义转变的思想轨迹。从文章可以看出，在马克思主义广泛传播之前，李大钊就已经有了非常接近历史唯物论的观点。他认为历史上英雄人物的成功源于历史机遇或民众的拥戴，这说明他对英雄史观的谬误已经有了清醒的认识。他肯定民众在社会历史中的地位和作用，这说明他已经具有人民群众创造历史的思想萌芽。正因为有这样的思想基础，他才能在十月革命之后迅速成为一个马克思主义者。而这篇文章则是中国共产党人跨越资产阶级民主主义思想，提出新民主主义的“最低纲领”的理论铺垫和必要准备。其群众史观，其“唯民主义”思想，对于当前中国特色社会主义民主政治建设也有重要的借鉴意义。

《李大钊传》的作者朱志敏先生对《民彝与政治》一文有非常深入的研究。他有一段总结性的话，虽然文字不长，但是信息量大，值得一读。

“李大钊是从十分广阔的范围来阐述他的民彝政治观的。他的阐述涉及了传统与政治、人性与政治、社会发展与政治、政治精神与政治形式、理想政治的实质与形态、实现理想政治应努力的方向、政治与自由、法律与自由，以及实现理想政治的动力等诸多问题。这使他的民彝政治观构成了一个庞大完整的体系。这个体系在以中国传统思想，如儒家的民本、性善，道家的无为与西方近代诸多思想家的思想，如法国大革命时代的人民主权思想、19世纪英国自由主义、达尔文进化论、柏格森创造进化论，以及托尔斯泰群众意识和人道主义等作为依据，其中也不乏欠深入或矛盾之处。”

李大钊的“民彝政治观”虽然与新民主主义思想尚有距离，但也不能笼统地归之于西方资产阶级民主主义思想，因为他不是简单地照搬西方思想家的理论和概念，而是有自己的显著特点，这就是特别强调人民在国家政治中的主体地位。西方资产阶级民主主义是打着“人民”的旗号向封建贵族夺权，而其目的是建立资产阶级的统治。在这一点上，李大钊的“民彝政治观”与其有本质区别。同时，“民彝政治观”也不是中国古代“民彝”思想的简单翻版，而是其脱胎换骨的改造，是推陈出新、点石成金。它与古代“民彝”思想的根本区别在于，“民彝政治观”的核心精神是“民主”，而古代“民彝”思想则与“民主”毫不相干。其所谓的“民”，是“邦本”，是“载舟之水”，是“可使由之”的工具，而绝不是“主”。中国封建社会唯一的“主”就是皇帝，故称“君主”。有君主，则无民主。所以中国古代根本不存在民主思想，也不可能有民主思想。中国古代最看重“民”的是孟子。他说，“民为贵，社稷次之，君为轻”。但是他从来没说过“民为主”。有人说，中国古代的“民本思想”与民主思想是一回事。其实二者有本质的不同。“民本”一词实际是日本人对西方概念“Democracy”的意译。他们为什么不译为“民主”，而非要译作“民本”呢？因为这个“主”字与天皇的权威有矛盾。如果民为“主”，那么天皇往哪儿摆？所以他们用“民本”代替“民主”。而这个词恰与中国古代“民为邦本”思想暗合，所以被国人接受。其实，从“民本”一词的由来即可以看出，民本非民主。中国古代也确实无民主。

说了这么多，总之一句话，李大钊的“民彝政治观”，既不同于西方的资产阶级民主主义，也不同于中国古代的民本主义，它是从中国传统文化中生发出来的具有中国特色和时代特色的现代民主主义思想。

第八次对话

阿青：博士先生好！

博士：阿青好！

阿青：今天我读了您关于茶道的那篇随笔，我的头脑里出现了电光石火一样的闪念，我觉得您简直就是在已经流淌过去了的时光里预先为我阐释了李大钊的《民彝与政治》。今天我还想向博士先生请教三个问题。一是《民彝与政治》的写作背景与写作目的；二是“民彝政治观”的基本内容；三是《民彝与政治》一文的理论建树。

博士：关于《民彝与政治》的写作背景与写作目的，在这篇文章的第一段已经有所交代。

阿青：是的。李大钊先生的意思是说，窃国大盗之所作所为无不与人民为敌。他们怕人民反抗，又用孔孟之道来欺骗，用武力来威胁，用严刑峻法来控制，用升官发财来引诱，使人民的良知之德暗暗消亡，以至于伦理、纲纪、宪政一概失其常态。他们的倒行逆施或许可以得逞一时，但是人民的“秉彝之明”，总会把万物照得清清楚楚。“向之盗劫民彝罔惑民彝者，终当听命于民彝而伏诛于其前，则信乎正义之权威，可以胜恶魔，天理之势力，可以制兽欲也。”在袁世凯复辟帝制的特殊年代，先生的这种观点显然具有极强的针对性和战斗性，堪称讨袁檄文。

小春：是对窃国大盗袁世凯的历史审判。

博士：此文虽涉及内容广泛，但就写作初衷而言，讨伐袁世凯称帝乃是最重要、最直接之目的。其他一切无非是说理之必要而已。

阿青：第一个问题基本明确。现在谈第二个问题——“民彝政治观”的基本内容。

小春：说实话，我一看这“民彝”二字就有点头疼，因为这个词实在太生僻了。在现代文献中好像没有见过。是李大钊先生发明的吗？

博士：哈哈，国学最注重用字的出处来历，焉能发明新词？其实此语很古老，最早见于《尚书》。当然，近现代以来，李大钊是第一个对其做出详细解释之人。

阿青：不但是第一个，而且是唯一一个。因为李大钊先生这篇文章是关于“民彝”问题的压卷之作。好比“崔颢题诗在上头”，令李白搁笔一样——先生之后，无人敢道“民彝”二字了。

博士：此文之后，“民彝”二字确实少有人再提，但并非因为话都让李大钊说尽，而是因为此文发表之时，恰逢新文化运动勃然兴起，“德先生”“赛先生”风靡天下，于是大家更倾向于使用“民主”一词，故“民彝”二字就销声匿迹了。

小春：原来是这样。我说怎么很少看到这个词呢。那么这“民彝”二字到底怎么讲啊？

阿青：我试着解释一下，不当之处请博士指正。李大钊在文章中对“彝”字的含义做了全面而详尽的考证。“彝”，《说文解字》解释是“宗庙常器”，宋、元时代儒者又把这个“彝”字解释为“常伦”“法则”。而“民彝”二字，根据先生的诠释，就是指人民群众在日常生活中形成的人文习惯、社会心理、人生追求、族群意志、伦理道德、价值观念以及具备这些思想品性和能力的人民群众。

小春：这与政治有什么关系呢？何谓“民彝政治”呢？

博士：李大钊之所以花费万言笔墨不厌其详地阐述“民彝”问题，目的就是呼吁“以民彝为民宪的基础”，此即“民彝”的政治意义之所在，亦“民彝政治观”之核心内容。中国古代政治是以封建伦理纲常为根据的，而李大钊之“民彝政治观”主张以“民彝”为民主宪政之基础，这种政治是与封建专制政治水火不相容的，所以它具有反封建、反专制的政治意义。

小春：啊！原来如此！

阿青：其实我对此文的理论建树更感兴趣，因为它能帮助我们认识其思想价值。

博士： 不识庐山真面目，只缘身在此山中。昔人有此心而生此意，有此意而著此文，至于其特点若何，或非作者所知。阿青有何高见，愿闻其详。

阿青： 我认为李大钊此文有以下几个理论建树值得点赞。第一，寻中国根，说中国话，构建中国的民主理论。

博士： 此话怎讲？

阿青： 民主思想本非中国所有，而是舶来品，又称“德先生”。可是李大钊高扬民主旗帜，却不请“德先生”登堂入室，而是在中国之传统文化中披沙淘金，硬是发掘出“民彝”概念，并给予新的“唯民主义”的解释，创造了一个中国版的现代民主主义。我认为这是李大钊对于中国政治思想史的重要贡献，是他对于中国传统文化的发扬光大。

小春： 直到今天，许多人一提到“民主”，还是言必称希腊，这是不对的。李大钊的文章说明，从中国的传统文化中也可以生发出民主思想。

博士： 李大钊当年的文章，所用词语除“民彝”而外，更多见有“唯民主义”，而不是“民主主义”。

小春： 这是为何？

博士： 其实一般来说，“唯民主义”也就是“民主主义”。但是细致推敲，“唯民主义”似乎更准确些。

阿青： 何以见得？

博士： “唯民主义”这个词，是 1915 年 6 月张东荪翻译“Democracy”而来的，而时人多以“民主”“民政”译之。张东荪的解释是，“Democracy”不是一种政体形式，而是指一种政治精神。因此，英国虽是君主制政体，而其政治精神却是民主的。当年，南陈北李、高一涵都同意他的解释，故常以唯民主义称谓民主主义。后来，新文化运动兴起，民主主义概念普及，唯民主义概念就式微了。

阿青：其实张东荪这个解释很有意义。现在有人将西方的议会民主制说成是“民主”的标本，并作为“普世价值”到处兜售，很具有欺骗性。但是根据张东荪的解释，“民主”是一种政治精神，而议会民主制则是一种特殊政体，二者根本不是一回事。再说，既然英国的君主制都可以堂而皇之地称为民主政治，为什么我们的协商民主制度不可以称为民主政治？

博士：言之有理。

阿青：李大钊先生在中国传统文化中发掘民主思想，用心可谓良苦。这个方向无疑是正确的，对于提高民族自信心很有必要。但是由于在中国古代文献中确实没有“民主”二字可以直接引用，所以我发现，在论证方法上他采用的是推理方法。

小春：怎么推理？

阿青：比如李大钊先生首先通过考证指出“古者政治上之神器在于宗彝”，而后通过类比推理指出“今者政治上之神器在于民彝”。简单一句话就把“民彝”提高到政治“神器”的位置，也就是政治之“主”位。于是“民彝”之“民主”本质便不言自明了。

博士： 君之所言或非作者所想，然作者之所论确如君言。“彝”本是摆设于宗庙之中供祭拜之用的神器，但是由于“彝”上通常铸有铭文，故“彝”又成为记载国家民族文化、历史、道德伦理、典章制度之最早文献，甚至成为国家、民族权力之象征。既然宗庙之“彝”具有权力之性质，那么主张“以民彝为民宪的基础”又有何不可？

阿青： 说的是。但是李大钊自己一定知道，此“彝”非彼“彝”也。李大钊先生之彝，是人民的意志，是民情、民心，庙堂之彝是皇权的象征。二者不可同日而语。所以他的“民彝政治观”，是既源于传统又高于传统的具有民族特色和人民民主性质的现代民主理论。

小春： 这个解读我赞成！

阿青： 此文第二个值得点赞之处是具有鲜明的人民性。文章对于人民群众为追求美好生活而奋起反抗的斗争精神给予深切的同情与支持。文章指出：“民彝”是人民之心理，是自然之存在；而儒家思想是对人民的束缚，束缚有穷乏之时，心理则终求必达。其势“不以常达，必以偶达，不以正达，必以变达，不以顺达，必以逆达，不以和达，必以激达”。这就是整个中国历史“斩木揭竿，狐鸣篝火”者不绝的根本原因。作者认为，这不是中国人民有好乱的天性，也不是普通百姓都有帝王之心，而是“民彝”受到长久压制，迫不得已而走上反抗道路。文章字里行间充满了对人民群众反抗斗争的同情与支持。这就是具有革命精神的民主主义思想。

小春： 在那样的年代，能够提出这样先进的思想，是非常难得、非常宝贵的。

阿青： 此文的第三个值得点赞之处，是对国人的“依赖根性”痛加针砭，具有思想启蒙的意义。所谓“依赖根性”就是国人对明君圣贤的习惯性依赖心理。文章指出：人们在忧乱思治之时，往往有期望圣人出世、天下大治的依赖心理。这种心理最易为野心家利用，建立个人专制统治。

小春： 袁世凯就是现实的例子。

阿青： 如果人民依赖之心不除，就会“一桀虽放，一桀复来，一纣虽诛，一纣又起”。这是非常深刻的见解。为了使国人彻底摆脱这种依赖心理，作者有一段议论非常精彩：古代圣贤留给后人的最有价值的东西，以及值得后世崇敬之处不是他们定下的典章制度，而是他们的自重、自强精神和创造力。因此，“真能学孔孟者，真能遵孔孟之言者，但学其有我，遵其自重之精神，以行己立身、问学从政而已足”。只有继承他们的创造力，创造“新国民的新历史”，才无愧于先人。否则，只是敬仰先人的功德，谨守他们定下的成规，而失掉自我，只能是先贤的罪人。这段议论对于今日之青年破除迷信、解放思想，树立自信自立自强之精神仍具有重要的指导意义。

小春： 说得好，这段话非常重要，非常有意义。我们对待马克思主义也应该采取这种态度，即我们首先应该崇敬的是马克思主义经典作家的创造力和自立自强精神，而不是其现成的教条和个别词句。

阿青： 此文还有一个重要的理论建树，就是对英雄史观的批判，非常接近历史唯物主义思想。作者认为，所谓圣智之人和普通人之间知识能力相差不远，“秉彝之本”也没有太大差别。圣智之人之所以出类拔萃，可能是遇到了好时机，也可能是因为得到群众的信仰和拥戴。退一步讲，即使英雄人物真的“负有大力圣智，展其宏材，足以沛泽斯民”，而人民在承其恩惠、蒙其福利的同时，却渐渐失去独立自主的人格，落到奴隶地位。其国家民族即使没有外来侵略，也会自己腐朽败落，很难与世界各国竞争，即或苟存于世，又有何价值可言？

博士：英雄人物与人民之间的这种辩证关系，若用家庭中父母与子女之间的关系做譬喻，现代人就很容易理解了：父母太有能力，子女依赖感太强，也就等于失去未来了，多么可怕！当时有人断言，新世纪之文明必建基于“新英雄主义”之上，其实是否认法治，鼓吹人治。在李大钊看来，就法治和人治之关系而言，法治虽非万能，但是中国政治问题之症结乃在于迷信人治的固有心理。此病不除，民主政治终究难以圆满实现。

阿青：是的。因为“唯民主义乃立宪之本，英雄主义乃专制之源”。立宪之道在于引导人民实行自治而摆脱他人之治。人民求此道，政治循此道，人民的智能则共同发育增长，可以达到同一水平线上。

博士：英雄与人民的关系是，人民“立于水平线以上”，以驱策英雄，使其为人民所用，而不应是人民立于水平线以下，等待英雄来教导，供英雄来驱使；英雄可以在一定限度内代行群众意愿，但不能越过限度，违背群众意愿独断专行。

阿青：这就有点儿像现代的社会精英了。我对作者这一观点举双手赞成。这是对英雄与人民之关系的精准定位。我尤其赞成人民“立于水平线以上，以驱策英雄，使其为人民所用”的思想，我认为这是关于民主政治的真知灼见。所谓“民主”，首先需要人民有做主的能力和水平。李大钊先生这一思想对于今日如何实行社会主义民主具有重要的启发意义。

小春：我还想补充一点。李大钊先生接下来有一段话非常值得注意：“代议政治虽今犹在试验之中，其良其否，难以确知；其存其易，亦未可测。然即假定其不良、其当易，其起而代之者，度亦必为较代议政治益能通民彝于国法之制，绝非退于专制政治，可以笃信而无疑焉。”

博士：这段话大有深意存焉。第一，对西方民主制不迷信，对其前途未置可否。这说明作者有理性的头脑、批判的精神。

阿青：看看今日之美国，疫情泛滥“世界领先”；社会矛盾激化，乱象丛生；“民主”导致“民粹”，“自由”导致“失控”；政府“关门”几为常态。这是资产阶级作茧自缚，民主反被“民主”误。李大钊先生在一百年前就已经对其抱着批判性的怀疑态度。

小春：第二是什么？

博士：第二是作者预言：代之而起者，必是较代议政治更加民主的一种制度。这说明，李大钊先生的眼光已经超越西方的代议制民主形式，并预言和期望有一种新的更加民主的政治制度出现。

阿青：现在我们可以肯定地说，这个制度就是中国特色社会主义协商民主，其核心要素是协商与共识。这是比西方议会民主制更高的最新的民主形式，有人称之为第三代民主。李大钊先生在一百年前就已预见到它的曙光。我认为这是李大钊先生最有价值的思想之一。

小春：学长解读到位，获益匪浅。

阿青：说了半天，最应该感谢的是博士给我们的启迪，使我们如沐春风、如饮甘霖。

博士：阿青过誉，愧不敢当啊。

阿青：李大钊先生此文，其横空出世的思想高度，其民族性、人民性、革命性、启蒙性、预见性，如日月经天，光照千古，永远在中国近代思想史上熠熠生辉。

小春：听了博士和学长的讲解，很多从前想不明白的地方，现在已经懂了。我觉得李大钊先生的这篇文章，与其说是阐述观点，不如说是商量办法，你看他字里行间，为国为民深谋远虑，一番苦心，如同父母对待挚爱的子女，多么令人感动啊！

博士：文以载道。也许小春的阅读方法，才是这篇文章的正确打开方式。大道的传递，就是如此吧。总要有人带着深情一股脑儿地认同，就像孩子对父母的感情。然后就是一点一滴地认识、接受、求索、成长。这是高尚的事业，也是艰苦的行程。

阿青：我会努力前行，再接再厉。深谢博士先生！

经典导读

天生众民，既然有形下之器，必有形上之道。当权者切不可视民众为低眉垂首、不知徒劳、碌碌终日之蝼蚁，除形下之器而别无他求者，以一己私志蔽民众之志。彝者，权威也，宗彝者，可直译为宗法之权威。昔古者政治之神器所在，无宗彝，统制合法性不能明，法度之威严不能显，众不能服，民不能教化。

注：节选自《民彝与政治》。

玖

回国办报
民族精神的启蒙与再造

微信上给小春发消息，“一日不读书则语言乏味”，跟她唠叨又是几天没看到博士的文字，人都快变俗气了。小春就把博士刚写的一篇题为《随笔之铁肩大义》的链接给了我。

公元1553年，明朝嘉靖三十二年，正月十八，兵部武选司员外郎杨继盛三日斋戒已毕，五品白鹇（xián）的官服，在晨曦之中泛着庄严的光晕。仿佛是个就义的武士，他已经做好了赴死的准备。今天入朝，他要做的是一件走向不朽的大事。朝堂之上，杨继盛语如炸雷，惊破天际。他上奏本弹劾严嵩，历数了这位王朝首恶的“五奸十大罪”，句句都足以置严嵩于死地。这篇奏折就是名垂青史、被后世谏官奉为楷模的《请诛贼臣疏》。

这一刻，是太多人命运的转折点。附着在胸襟上的美丽白鹇，让他想到了自己的妻子——在深夜的烛光里为他研墨、痴痴看着他的鬓发的红颜，给了他最后勇气的知己。他希望妻子能够在他死后，坚韧地活下去，超然于山水之间，就像这只白鹇。

她知道他是个高尚的人，知道他从一个放牛娃一路努力登堂入室，受到同朝大儒们的赏识，栽培提携，寄予厚望。

她知道他多年来一直守着正义，不畏沉浮，与权奸民贼做着抗争。

她知道就在明天，他要做一件别人不仅不敢做，甚至想都不敢想的事。他是她的骄傲，是她的依靠，她要跟随着他。

我们阅读历史，能看到故事的结局，多么让人悲痛啊！不忍卒读。一本书竟是这样难以合上，又难以打开。

忠臣的情和义，没有唤醒嘉靖帝的良知良能，杨继盛被贬入狱，遭受非人的折磨。他的双腿因为杖刑肿胀溃烂，他就摔碎瓷碗，用碎片割去腐肉，用手摘除断筋。为他举灯的狱卒由于惊怕几乎昏倒，而他依然镇定自若、决不屈挠。

三年之后，虽经同僚的忠义之臣百般营救，杨继盛还是没有躲过严嵩父子的毒手。他被草率地判处斩刑，心上的白鹇（xián）自尽于刑场，随他而去。

人们在他住过的牢房墙壁上，看到了一副对联：铁肩担道义，辣手著文章。

英灵对世界的影响，随着时光穿越千年，在 20 世纪初期危亡在即的黑暗中国，与另一个注定不朽的人风云际会。东方伟大政党的创始人之一李大钊，无比郑重地把“铁肩担道义”题写给友人，与他共勉。李大钊却不知道，在中国共产党不朽的史册上，“铁肩担道义，妙手著文章”已经成为他璀璨人生的写照。

李大钊于 1916 年 5 月回国，1917 年 11 月中旬受聘北京大学。在这一年半里，他频繁地辗转于各种报刊之间，先后主编《晨钟报》，协办《宪法公言》，主笔《甲寅》日刊，参办《言治》季刊，又为《太平洋》杂志撰写评论，前后共发表文章 97 篇。

从日本回到上海后，李大钊先是与白坚武等参加宪法研究会的活

任《晨钟报》主编时的李大钊

动，不久即出任汤化龙的私人秘书。7月，应汤化龙之邀，在北京主编《晨钟报》。可是二十多天后，由于政见不同，声明辞职。9月，参与筹办《宪法公言》杂志，与郁嶷（yí）、高一涵等为主要撰稿人。该刊以“阐明宪法之精微，助长法律思潮以荡涤专制邪秽，为涌现一尽善尽美之宪法”为宗旨。

1917年1月，《宪法公言》因经费不继停刊，李大钊又应章士钊之邀参加《甲寅日刊》的编辑工作，与高一涵共同担任主笔。

与此同时，李大钊又参加筹办编辑《言治》季刊。该刊后因政治思想分化、经费不足等原因，只出版三期，即告停刊。

同年5月5日，李大钊离京回乡，住了一个半月，于6月22日回京。这期间撰写了《旅行日记》和《乐亭通信》，记叙旅途观感。

7月初，由于张勋复辟，李大钊“仓皇南下，侨寓沪上”。这期间，他与《太平洋》杂志建立联系，在该刊上发表政论文章。这段时间，他发表文章近百篇，涉及内容十分广泛。其中最有影响的当属《“晨钟”之使命》一文。此文虽然写在《青春》之后，却发表在《青春》之前，因此此文最早向社会公开宣传其青春中华之思想。加之文章激情澎湃，振聋发聩，其文气如海啸潮涌，撼人心魄。此时，上海的陈独秀已经在《新青年》上吹起启蒙的号角，呼唤青年奋起向封建礼教宣战。李大钊此文可谓是对陈独秀最有力的声援，后来舆论相传的“南陈北李”相映生辉，实以此文为美谈之始。

第九次对话

阿青：博士先生好！

博士：多日不见，一向可好？

阿青：一切都好！只是许久没见博士，颇为想念！

博士：谢谢阿青，有关李大钊先生的资料信息，我一直都没有放下，我的一些思考，但愿对你有用。

阿青：博士太谦逊了，您新颖灵动的思维方式，一直都在启发着我，使我在那些容易忽略的关键节点上，得以破除迷雾，茅塞顿开。对我以后的写作与思维，都有深远的影响。

小春：一直以来，聆听二位聊天，我也是受益匪浅。只是我与博士和阿青在这儿交谈，头脑中却是浮现杨继盛大妇的形象，就像过电影一样，循环播放着。

阿青：同感。博士设置了一个时间点，从杨继盛斋戒上朝开始，以他妻子的视角追溯过往，以现代读者的视角延展未来，静好之中一丝悲伤缓缓涌起，两条凄美的故事线索仿佛剪刀一般，看得读者心如刀绞。

小春：关键是虽然扎心但又无法忍住不看。

博士：事情本来就是这样的啊。恰当的文笔所营造的氛围，能够无限接近事情本身，但也只是接近而已，与生活本身还有着距离。往往在命运钟鼓交响之际，事态迫促，人心百感，去就取舍，谈何容易！无论多奇妙的笔墨，甚至都不足以状其万一。

阿青：“铁肩担道义”一联，全息着杨继盛的人生，其人生种种，又影响着未来世界。李大钊作为读书人，他题写这副对联，就等于下载了一个“压缩包”，任何时候只要解压，里面的信息就会全部浮现出来。可以说，李大钊与友人共勉的，绝非对联字面本身而已。

小春：嗯，否则根本谈不上自勉。

博士：打开这个“压缩包”，几乎等于打开了杨继盛生命中的一切，甚至还会触发他解读过的历史，以及解读他与人们的言论观点。

阿青：就像一滴颜料掉在湿润的宣纸上，会不断晕染开来，这也是思想意识运动的过程。

博士：古代的媒体简单，渠道有限，正因为条件不佳，所以古人发明了许多有效的方法，譬如典故的运用，譬如比喻的手法，以实现语言功能的最大化。

阿青：所以古人动辄“子曰”“诗云”，绝非卖弄学问炫记忆力，实在是因为他有言之不尽的话。

博士：把万念归于一意，这就是李大钊题写“铁肩担道义”这副对联的初衷。

阿青：这也等于是他的移动签名，随身带着的宣言：我只为道义而写作。

小春：原来如此！原来如此！

阿青：没有个宣言也不行啊，你看他这个阶段，经历繁多，可谓颠沛流离，短短一年半时间，先后为五家报刊撰稿。

小春：我给他算了一下，在大约五百天时间里，发表了大约一百篇文章，平均五天一篇，最高纪录平均两天一篇政论，一般都有两三千字，有的甚至上万字。

那时候既无电脑，又无百度，全靠毛笔手写，查找资料更费时间。他是怎么做到的呀？

阿青：前辈相传，有一诀窍，今日说与你听。

小春：感谢学长秘传，我一定牢牢记住。

阿青：就是四字真言——“起早贪黑”。

小春：啊！就这四个字？

博士：阿青说得对，有此四字足矣。

小春：多谢二位指点迷津，受教受教！

阿青：因为这段时间李大钊的思想紧跟时代脉搏，与书斋中的学者不同。学者有自己的研究课题，其思想脉络有逻辑关系可循。李大钊先生为报刊撰稿，内容受报刊宗旨限制，又必须关注社会热点，突出新闻性，所有这些因素决定了他的思考不会固定在哪一点或哪一个方面。是这样吧？

博士：没错，更何况他为五个报刊撰稿，因此文章内容五花八门亦不可免。

阿青：但是我们认为以下几个内容比较重要：一是关于“青春中华”的思想，二是关于制宪的思想，三是对于第一次世界大战后世界形势的预言，四是对日本人“大亚细亚主义”的批判，五是对马尔萨斯人口论的批判。

先说“青春中华”思想，此语最早见于《“晨钟”之使命》。此文是《晨钟报》的发刊词，发表在该报的创刊号上，时间是1916年8月15日。其副标题是“青春中华之创造”，明确指出了立意。当时国内最大的政治事件是袁世凯于6月6日忧惧而死，于是国内各派政治势力争刷存在感。进步党人汤化龙决定在北京创办一份报纸，请李大钊担任编辑主任。《晨钟报》这个名称也是李大钊起的。当时人们对民国初年党争的恶感尚未消除，一些党派纷纷标榜“不党主义”，汤化龙一开始也做此姿态，并允诺“言论绝对自由”。正因为如此，李大钊才接受邀请，并拟将该报作为宣传“青春中华”、呼吁青年奋起斗争的园地。

博士： 此文在《青春》之前发表，可谓一鸣惊人。虽然只有四千字左右，但是由于不像《青春》那样徜徉于哲学思辨之间，而是直指青年之使命，故其振聋发聩的力度，要比《青春》更强烈。

小春： 我也这样认为。我印象最强烈的是文章结尾这段，先生号召青年做“青春中华的种子”，以“断头流血”的意志，“百尺竿头，更进一步，取由来之历史，一举而摧焚之，取从前之文明，一举而沦葬之。变弱者之伦理为强者之人生，变庸人之哲学为天才之宗教，变‘人’之文明为‘我’之文明，变‘求’之幸福为‘取’之幸福。觅新国家，拓新世界，于欧洲战血余腥、炮焰灰烬之中，而以破坏与创造、征服与奋斗为青年专擅之场，厚青年之修养，畅青年之精神，壮青年之意志，砺青年之气节，鼓舞青春中华之运动，培植青春中华之根基，吾乃高撞自由之钟，以助其进行之勇气。中华其睡狮乎？闻之当勃然兴；中华其病象乎？闻之当霍然起。盖青年者，国家之魂，《晨钟》者，青年之友。青年当努力为国家自重，《晨钟》当努力为青年自勉，而各以青春中华之创造为唯一之使命，此则《晨钟》出世之始，所当昭告于吾同胞之前者矣”。

阿青： 读此文而不热血沸腾者，非青年也！

博士： 非青年而读此文，亦必有热血沸腾者！

小春： 但是《晨钟报》发行后，仅仅过了二十天，李大钊就辞职了，这是为什么？

《晨钟报》编辑部同人在北京中央公园（今北京中山公园）合影（前排左五为李大钊）

阿青： 该报是汤化龙办的，他让李大钊写稿攻击与他政见不和的孙洪伊。可是孙也曾资助李大钊留日，再说两人私交更深，思想也更接近，故不能按汤化龙说的办，最后只好辞去《晨钟报》编辑主任职务。由此可见先生襟怀坦荡，乃忠厚仗义之人，宁可打饭碗也不说违心话，也不干对不起朋友的事。

小春： 要不怎么说“铁肩担道义”呢！

阿青： 李大钊的制宪思想，主要发表在《宪法公言》上。1916年9月7日，他在老便宜坊宴请白坚武、高一涵、秦立庵、田克苏等几个朋友，决定创办《宪法公言》，并定下刊物主旨:“阐明宪政之精微,助长法律之思潮,以荡涤专制之邪秽,而涌现一尽美尽善之民国宪法。”10月10日,中华民国成立5周年纪念日,《宪法公言》正式出版,李大钊是主要撰稿人。创刊号《著译》栏中第一篇文章就是他写的千字文《国庆纪念》。此文虽然篇幅短小,但是思想深刻、力透纸背,揭示宪法之本质一语破的,读后使人脑洞大开。加之文采华茂、意象纵横,实为近代以来之奇文。

小春:我曾听说一种观点,即此文主要是告诉国人,宪法是用血写成的。此话怎讲?

阿青:李大钊对宪法的定义是:“宪法者,自由之保证书,而须以国民之血钤(qián)印,始生效力者也。”好比一份保证书,不加盖印章是无效的。而宪法之印章乃国民之鲜血。“吾国自革政以还,黄花岗上七二英魂之芳骨,固已孕伏自由之胚苗。厥后辛亥之役,癸丑之役,乃至今兹西南之役,其间义烈踵殉宁止千万,而后共和之华,始克畅育茁发于血光之中,而后觥觥议士,始得于今日从容谈辩商榷宪法于一堂。稽其宪法之成,虽成于议士诸公,而其实议士诸公之任,乃在寻现代国民斑斓之血迹,而如量彰之于宪典。正如美术家描写宇宙自然之美,而显之于图画文章也。”“宪法之形式虽备于今朝,而宪法之精神则酿于革命旗翻、诸先民断头绝脰之日也。”

小春:过去,我一直以为我们的宪法是宪法起草委员会的专家学者们咬文嚼字写出来的,现在我才知道,原来我们今日之宪法也是无数革命先烈用鲜血写成的。比如“中国共产党领导”这条,没有千百万共产党人的流血牺牲能写进去吗?

博士： 这就是宪法的神圣之所由来。

阿青： 从文章可知，李大钊先生对制宪问题有深入研究，发表的意见既深刻又具体。

我认为李大钊关于“法外势力”的论述非常重要。在他看来，宪法的力量不在宪法本身，而在人民的心理。一种势力存在，宪法不给它存在的余地，它终究要从别的途径表现出来。如果这种势力代表了人民心理，那么它就有表现自己的权力。如果它不代表人民心理，那么当它与宪法为敌时，人民不能依靠宪法制服它，势必“以法外之势力”来制服它。这种法外势力甚至可能是断头流血的革命，就像法国革命势力制服屡次复辟的帝制势力，和护国军制服袁世凯的帝制行为一样，这是人民以法外势力捍卫自己的权益，是正义行为。我认为李大钊的这个思想非常可贵，说明他已经成为一个赞成人民革命的民主主义者，越来越接近马克思主义了。

博士： 应该是护国军反抗袁世凯称帝的“法外”行动给了李大钊启发，使他认识到，人民为了捍卫自己的权益，即使不得已而运用“法外”的革命手段，也是合理的、正义的。

阿青： 然而当时的制宪工作却一言难尽，由于经费困难，《宪法公言》在 1917 年 1 月 10 日出了第 9 册之后就被迫停刊了。黎元洪、段祺瑞之间的“府院之争”愈演愈烈，北洋派督军迫使黎元洪于 6 月 13 日宣布解散国会，制宪工作至此流产。

小春： 《宪法公言》停刊后李大钊做什么去了？

阿青： 恰在此时，章士钊创办《甲寅》日刊，1917 年

1月28日正式出版。李大钊和高一涵受章士钊之邀，每天轮流为《甲寅》日刊写社论。前后约4个月，李大钊写了69篇，平均两天一篇，风雨不误。

据资料介绍，当时李大钊刚刚28岁，与高一涵齐名，且文章思想风格与章士钊接近，故被人称作“甲寅派”，在海内外很有影响。在“写手”如林的民国初年，能够被章士钊先生点名邀请担任《甲寅》主笔，绝非易事。

与他搭档的高一涵，也非等闲之辈。新文化运动初起之时，站在排头第一名的是陈独秀，第二名就是高一涵。在当时也是风云人物。

小春：高一涵在回忆录中说，一开始，二人的文章以“攻击研究系，攻击现政府”为主，但是章士钊对此有意见，于是双方相约，不谈内政，只写国外新闻。

阿青：有这事。章士钊先生有顾虑，怕遭当局封杀。但是要想全然回避国内政治是不可能的。比如“孔道”入宪就属于国内政治问题。他们尊重章士钊先生的意见，主要谈世界大战的原因和战况，以及欧洲和俄国革命运动的情况。李大钊特别注意两个问题：一是俄国的二月革命，二是欧洲社会主义者的和平要求。

他认为，俄国革命对世界和中国的最大影响在于它表明：当今时代，君主政治、贵族政治已经没有存在的余地。所以清朝的灭亡、袁世凯倒行逆施的失败是必然的。同时他认为：凡是社会主义者莫不反对战争，因为战争给资本家带来发财机会，而将下层劳动人民驱入凄惨的战场。他坚定地认为，世界大战中出现的各种非民主主义现象都是暂时的，而民主主义则是时代的主流。

李大钊确信："此次战争告终，官僚政治、专制主义皆将与之俱终，而世界之自由政治、民主主义必将翻新蜕化，以别开一新面目，别创一新形式，蓬蓬勃勃以照耀二十世纪之新天地。"

小春：一次大战之后，尤其是俄国十月革命之后，中国革命确实进入了新的阶段，世界政治走向确实进入了无产阶级革命时代。李大钊的预言再次被证实。还有一个预言也被证实了，这就是他对"大亚细亚主义"的揭露和批判，非常深刻，一针见血。

博士：这个主义是日本人提出的，表面看是为维护亚洲人的权益，抵制欧洲列强对亚洲各国的侵略奴役，但是其真实目的是要以日本为中心建立"亚洲新秩序"。

阿青：是的。对此李大钊表示坚决反对，他正告日本右翼：中国才是亚洲"大局之柱石"，舍"中华国家之再造，中华民族之复活"，"大亚细亚主义"绝无实现之可能。所谓"大亚细亚主义"对于中国人来说，首先在于求自己的国家不受外来侵略，"进而出其宽仁博大之精神，以感化诱提亚洲之诸兄弟国"，使其实现独立自治，免受他人残虐，这才是此主义之意义所在。至于日本，如借"大亚细亚主义"之名掩饰其攫取远东霸权的帝国主义野心，定会遭欧洲人嫉恨，给亚洲同胞带来灾祸。

小春：事情的发展确如李大钊所言，二十年后，日本人利令智昏，发动了侵华战争，给亚洲人民带来巨大灾难，同时遭到欧美的制裁，给自己带来灭顶之灾。

阿青：这个时期，他还有一篇文章非常引人注目，这就是1917年4月在《言治》季刊第1册上发表的长达两万余字的《战争与人口》（上）。李大钊一生很少写与政法、历史无关的文章，此文批驳马尔萨斯人口论，属于人口社会学，与先生所学专业不搭界。但在他的所有文章中，此文却是最具有学术性、最有分量的一篇论文，显示了他的国学造诣，以及在社会学、经济学、经济思想史等方面丰富的知识。他的才学真是高深莫测啊！

博士：从前的读书人是不分科的，所以天文地理都是混在一起学的，个人造诣，主要看兴趣与努力程度了。

1917年1月北洋法政学会同人决定重新刊行《言治》，改为季刊，作为学会的机关刊物。此刊为李大钊提供了一个发表长篇文章的园地，所以才写出这两万多字的论文。按原来写作计划，还有一个“下”，可是由于时势变迁，兴奋点转移，这个“下”只能“不了了之”了。

阿青：遗憾，遗憾。其实李大钊先生这篇文章的价值不在于驳斥当时具有很大影响的马尔萨斯人口论，而在于他从中国传统文化的视角出发，结合近代西方人文思想，对有关人类生存与发展的重大问题给出中国答案，在世界近代学术史上留下中国声音。这个意义要远远超过学术本身的价值。

小春：但是我有一点不明白。他是革命家，是政治家，为什么对人口学这么感兴趣？

博士：白居易有言：“文章合为时而著，歌诗合为事而作。”当时最大的时事，就是世界大战。而马尔萨斯人口论的最大问题就是给战争狂人提供了理论工具。李大钊反对帝国主义战争，所以必须批判马尔萨斯人口论。

小春：我们过去批判马寅初是不是批错了呢？这个事怎么理解？

博士：小春提出的这个问题很重要。譬如李大钊一辈子写了那么多文章，都是“为时而著”，其观点未必都合乎现在的需要。如果今天的年轻人必以今日之观点评价昔日观点之是非，那就势必导致谬误了。

阿青：是的，这一点很重要。我们整理、研究、学习革命前辈的思想遗产必须采取历史唯物主义态度，不能脱离当时的社会现实评短论长。在这方面，习近平总书记提出的“两个不能否定”，对我们有重要指导意义。

博士：2013 年 1 月，习近平同志在一次重要讲话中指出：“不能用改革开放后的历史时期否定改革开放前的历史时期，也不能用改革开放前的历史时期否定改革开放后的历史时期。”这就是“两个不能否定”。

小春：这一思想充满了政治智慧，对于革命事业的发展进步具有重要意义。如果不是这样，而是互相否定，既不符合事实，也不符合党和人民的根本利益。

阿青：1917 年 5 月，因妻子生病，李大钊回到家乡住了一个半月。在这期间，张勋的辫子兵开进北京。黎元洪被逼解散了国会。宣传民主的出版物受到威胁，章士钊先生避走天津，并发表与《甲寅》脱离关系的声明。李大钊于 6 月 22 日返回北京。7 月 1 日，张勋正式宣布复辟。李大钊留京恐有危险，于是逃往上海，住在朋友家避难。这段时间，李大钊进行了广泛的社会调查，对中国底层人民生活的困苦有了深入的了解。

11 月 11 日，李大钊从南京北上，11 月 16 日到北京大学报到，结束了一年半的办报生涯。

博士：虽然只有一年半，然而李大钊这段时间的日常安排是紧锣密鼓的。其撰写文章数量之巨大，社会影响之深远，都是令人仰止的。他的精神与思想，都是中华民族神圣的瑰宝。百年后的今天，展开历史的画卷，依然能够激扬心魄、催人奋发。

宪法公言社同人合影（前排中为李大钊）。因《晨钟报》言论受干涉，李大钊辞去编辑主任职务并应约为《宪法公言》杂志撰稿，发表《省制与宪法》等文章，表达自己的主张，为制定理想的宪法进行了大量理论宣传工作

经典导读

“青年之字典，无‘困难’之字；青年之口头，无‘障碍’之语。惟知跃进，惟知雄飞，惟知本自由之精神，奇僻之思想，锐敏之直觉，活泼之生命，以创造环境，征服历史。”

注：节选自《晨钟报》创刊词《“晨钟”之使命》。

拾

在北大图书馆
坚守新文化的阵地

博士的空间背景新换了一幅图：

席地而坐的环境里，开阔的浅绿色榻榻米平面，类似景德镇白瓷的一把茶壶，两只茶碗，此外别无他物。柔和的光线，均匀地分布在宽敞的座席上，看趋势必是充满了整个房间。白瓷在这样的光照下，鲜亮而洁净，仿佛清夏的正午浅浅池塘上的睡莲，正在做着早春晨曦中纯净瑞雪的梦。

三件瓷器的距离最有趣：倘若再远些，就显得生疏；倘若更近些，就显得唐突。这是相爱相敬的氛围啊，存在于万物之间的美感，就好比蓄足的静电，目光所及，最容易让心灵为之震颤。这也正是道的妙处，无论什么人，只要坐过来面对壶与杯，心灵就会受到洗礼，仿佛经历了收纳、融释一般，身体为之端正，呼吸为之匀长，眉头为之舒展，声音为之柔和，心情为之愉悦，精神为之凝聚。就像进入一个需要问禁的礼仪之邦，和善但不可冒犯。即便以一只杯子为端点，都可以演绎宇宙间万物生灭和因果关联。正因为在中国，不论是茶还是酒，借着千古文明的框架，就可以搭起高层级聊天的道场。

蔡元培为李大钊提供了这样的一个“道场”，让他可以共享资源，提升能量，聚集有志青年，传播革命真理。

这就是北京大学图书馆。

1917 年 1 月 4 日，新任北京大学校长蔡元培正式到校视事，开始了他对北大的整顿、改革工作。1 月 13 日，陈独秀被任命为北京大学文科学长。此后，北大不断出现新的面貌。李大钊此时对北大甚为向往，他把北大看作“黑暗中之灯塔”，“志在得北大一席”。他曾说“我个人心中没有一切，所有者唯北大耳”，可见其对北大热爱的程度。

当时北京大学已是拥有 1500 多名学生的一所综合性大学，师资力量雄厚。校长蔡元培，字鹤卿，号孑民，是辛亥时期很有影响的革命元老之一，又是著名学者，担任过民国第一任教育总长。他25岁中进士，成绩是全国排榜第37名，曾任翰林院编修，又先后留学日、德、法等国，可谓学贯中西。他就任北大校长后提出的办学方针——“思想自由，兼容并包”在中国现代教育史上产生了深远影响。在教师聘任方面，他不拘一格，唯才是用。哪怕是没上过大学、自学成才的青年，也可聘为教授。正因为如此，没完成早稻田大学学业的李大钊，才有可能经章士钊介绍，进入北京大学。当时章士钊在北京大学讲逻辑，为了查找资料方便，他同时还兼任图书馆馆长（当时叫主任）。由于他热衷政治，虽然拥有这么好的条件，却未能充分利用。他就想，如果李大钊做这个工作，会比自己更合适，于是便请求校方让李大钊代他担任图书馆馆长。校长蔡元培和文科学长陈独秀都非常器重李大钊，因而欣然同意。可是当时李大钊是实至而名未归，有些曾在欧美留学镀金的人便认为李大钊是靠个人关系进来的。对此，李大钊毫不介意。章士钊后来才明白，原来李大钊志在必得北大一席的重要目的，是为了便于就近参与和指导北京的民主运动。

李大钊担任北大图书馆馆长，这是他一生中极为重要的经历。他不仅为北大图书馆的正规化改革做出了重要贡献，开启了北大图书馆现代化的进程，而且还发起成立了北京图书馆协会，亲自担任中文书记，开了中国图书馆合作的先河，对我国图书馆事业的发展起了重要推动作用，成为中国现代图书馆事业的奠基人。80年后，美国图书馆学会编纂的《世界图书馆和情报工作大全》，就称李大钊为“中国现代图书馆之父”。

尤其重要的是，在此期间，李大钊与陈独秀、胡适、鲁迅等新文化运动的领袖人物会合，成为《新青年》《每周评论》的中坚力量。他以此为基地，大张旗鼓地宣传俄国十月革命和马克思主义，筹建北京地区的共产党组织，成为中国共产党的主要创始人之一。

当然，对于中国革命来说，这位“馆长”的最大功绩是发现并帮助和培养了一颗政治新星，即中国共产党的伟大领袖毛泽东同志。当时毛泽东是从湖南农村走出来的“穷书生”，李大钊是名满天下的报刊主笔，又是全国最知名的高等学府的图书馆馆长，这两个人走到一起的概率，如果交给赫拉利计算，很可能是“无穷小”。但是正如一句流行语所说，“一切皆有可能”，生活中可能出现的奇迹，往往超出所有人的想象。

1918年8月19日，毛泽东靠借得的路费孑然一身从湖南来到北京，生活条件很艰苦，住在一个叫作三眼井的地方，同另外七个青年挤在一间小屋子里。当大家都睡到炕上的时候，就会挤得几乎透不过气来。每逢要翻身，得先同两旁的人打招呼。加之天气渐凉，寒衣未备，囊中羞涩，前路未卜。当此之时，他绝不会想到，命运之神已经向他招手，让他结识一位“贵人”。更没有人会想到，这位“穷书生”有朝一日会成为站在历史潮头、敢叫日月换新天的伟人，不会想到他叱咤风云的辉煌人生即将从这里开始。奇迹的出现是由于杨昌济先生介绍、李大钊同意，他开始担任北京大学图书馆助理员，工资不低，每月八块大洋。于是两位中国共产党的创始人就这样走到了一个屋檐下，朝夕相处，砥砺探索。

毛泽东这次在北京一共逗留了七个月，后又因事第二次去北京。这是中国历史上最不平凡的一段历史。在这期间，毛泽东在李大钊的帮助指导下，阅读了马克思、恩格斯原著和传播马克思主义的书刊，参加了李大钊组织的学生会活动，研讨各种形式的思潮和政治主张，参加哲学研究会，旁听北大的课程，参加社会调查。而恰好在这段时间里，李大钊在《新青年》上发表了《庶民的胜利》和《布尔什维主义的胜利》，热情赞扬俄国十月革命，指出社会主义革命是世界历史的潮流，发出了“试看将来的环球，必是赤旗的世界”的大胆预言，这是毛泽东从相信无政府主义到接受马克思主义，最后确立终身政治信仰的关键时期。

后来在与美国记者斯诺谈话时，毛泽东曾经深情地说："我在李大钊手下担任国立北京大学图书馆助理员的时候，曾经迅速地朝着马克思主义的方向发展。"1949 年 3 月，当毛泽东率领中共中央机关从西柏坡进京，望到北平城墙时，他第一个想起的就是李大钊。他无限感慨地说："30 年了！ 30 年前我为了寻求救国救民的真理而奔波。还不错，吃了不少苦头，在北平遇到了一个大好人，就是李大钊同志。在他的帮助下我才成为一个马列主义者。他是我真正的老师，没有他的指点和教导，我今天还不知道在哪里呢！"多么朴实的话语！多么真挚的情感！这是毛泽东对李大钊的最高评价。

在这期间，北京国立中专以上八校教职员为反对军阀政府断绝教育经费、拖欠教职员薪金，展开了大规模的索薪斗争。李大钊同时被北京大学和北京女子高等师范学校两校推为代表，先后担任该会新闻股干事、《半周刊》编辑，并一度代理主席职务。斗争持续四个多月，历尽艰难，最后取得胜利。李大钊不仅分内的工作兢兢业业，分外的公益活动也积极参与，他用实际行动践行了自己的座右铭：勇担道义，敢为人先。

担任北京大学图书馆主任时的李大钊

第十次对话

阿青：博士先生好！

博士：阿青好！

小春：博士好！您的空间背景图所展示的是茶室还是酒馆啊？

博士：小春好！要茶得茶，要酒得酒。

小春：一个素雅，一个热烈，不会造成抵触吗？

博士：没人可以规定哪个必须素雅，哪个必须热烈。

阿青：小春是想问李大钊在北大图书馆的事吧？

小春：是的，按照常人理解，安排李大钊进入图书馆的师长，应该是希望他安静读书吧，而李大钊做了图书馆馆长之后，似乎并没有把读书当作首要任务，更多的还是参加一些活动，这样不会受到批评吗？

阿青：所以博士说："要茶得茶，要酒得酒。"谁说在图书馆就一定要看书呢？

博士：不怪小春质疑，怪我没说明白。李大钊喜欢北大图书馆，不是因为这里图书多，而是因为来这里读书的人多。这里是积极进取的有志青年的会集之地。

阿青：是的，李大钊看好这个“道场”，就是因为在这里更便于传播马克思主义真理，培养人才，为民主革命的未来蓄力造势。今人一提起李大钊先生，首先想到的职务就是北京大学图书馆馆长。这个北大图书馆堪称中国共产党的“福地”“发祥地”和革命圣地。从这里走出了两位中国共产党的创始人，其中毛泽东同志更是领导中国人民取得革命胜利的伟大领袖。此地如果对外开放，必会成为红色旅游第一站。

小春：哈哈，有创意。博士和学长这样一说我就明白了。

阿青：这期间发生的事件，最重要的当属李大钊与毛泽东的相遇。据李大钊讲，在他眼里，这位青年面容清瘦，个子高出一般人，一头浓密的黑发留得很长，鼻梁很高，额骨凸出，双眼炯炯有神。他完全不在乎个人外表，衣着朴素，说话平易，乡音很重，有幽默感，喜欢憨笑，精力过人，不知疲倦，自尊心极强，酷爱读报，对于世界时事和各国政治情况都很了解。

博士：其间毛泽东先后两次到北京，读了许多关于马克思主义和俄国革命的书，有三本书是李大钊推荐他读的。第一本是《共产党宣言》，陈望道译，这是用中文出版的第一部马克思主义经典文献；第二本是《阶级斗争》，考茨基著；第三本是《社会主义史》，柯卡普著。这都是当时比较重要的进步思想读物。

阿青：到了 1920 年夏天，毛泽东在理论上以及某些行动上，已经成长为一个坚定的马克思主义者了。

小春：据他自己讲，他这段时光并不太如意呢。

阿青： 主要是他的工作简单枯燥，加之在北京大学的教职员中，图书管理员的职位可能是最低的，在有些教授眼里就是“打杂的”。这对于自尊心极强的毛泽东来说，肯定不会好受。他在登记来图书馆读报者姓名时，发现了一些新文化运动的头面人物，如傅斯年、罗家伦，等等，他很想和他们接触交流，谈谈政治和文化问题，可是他们都是大忙人，根本没有时间与他闲聊。再说他的湘潭方言也没有几个人能听得懂。

博士： 可以想象那个时候毛泽东的心情应该是很压抑的。

阿青： 当时的毛泽东身无分文，心怀天下，其行事风格不拘小节，特立独行。比如登记读者姓名，按规定应该一笔一画地写，可是他的字龙飞凤舞，很多人不认得。旁人提出意见，他哈哈一笑，口说改正，可是没过几天，又“飞舞”起来。还有一次，他帮一个杂志编辑部登录来稿。按规定，应该有稿必录，最后由编辑决定怎么处理。可是毛泽东看到有的稿件内容荒谬反动，便直接扔进纸篓里，不给登记。编辑也拿他没办法。

小春： 太有性格了。

阿青： 这不单是性格问题，而是不被规则束缚，不被他人左右，不做违心的事。这叫“领袖气质”。

博士： 古人就说过：“大行不顾细谨，大礼不辞小让。”对于毛泽东这样具有雄才大略的人物，你不能用寻常的标准来要求。当时他是由于生活所迫，没有办法，才来做这项工作。他根本没想做一个模范的图书管理员。

阿青：或许这是毛泽东一生干过的最不情愿的一项工作，但又是收获最大的一项工作。

小春：“人生无处不青山”啊！

阿青：话说回来，李大钊任馆长期间，其辉煌业绩人所共见。据资料介绍，在五年的任期内，他对北大图书馆进行了全面的改革，为我国第一个大学图书馆的建设做了开拓性的工作，使北大图书馆在主要方面接近或达到了当时的世界先进水平。他还积极参与发起成立了我国第一个图书馆协会，曾在《晨报》发表文章介绍美国17所图书馆学校的建校情况及其课程设置，并建议在正规图书馆学校不能马上建立之前，举办一些短期训练班或召开讲演会。北京高等师范学校曾在他的建议下于1920年暑假期间开办了图书馆讲习会，他还应邀担任了该会的讲习员。同时，李大钊最早从理论上阐明了学校图书馆工作的性质及作用，是我国图书馆从封建藏书楼向近代图书馆转变的开拓者和奠基者。

小春：除此之外，我认为李大钊先生在这期间最值得称道的是参与并领导北京教师索薪斗争的壮举。学长能否介绍一下当时的情况。

阿青：好的。这是当时北京教育界的一件大事。起因是从1921年1月份开始直到3月份，北洋政府教育部始终拖欠北京中专以上八校的教师工资和教育经费，广大教师生活陷入极大的困难。为此，从1921年3月14日起八校教职员展开了大规模的索薪斗争。为领导这次斗争，各校派出代表三人组成代表联席会。李大钊同时被北京大学和北京女子高等师范学校两校推为代表，并担任该会的新闻股干事、《半周刊》编辑，在该会主席马叙伦生病期间还代理一段主席职务。这次索薪斗争历时 4 个多月，召开正式会议 76 次，加上临时会议共百余次，几乎一天一个会。7 月 28 日，斗争取得最后胜利，各项要求一一落实，八校校长通电复职，宣布校务恢复原状，9 月 1 日开课。次日，八校教职员宣布复职。

小春： 我发现，这段时间正值中国共产党第一次代表大会在上海召开，李大钊没有参加，是不是与这次索薪斗争有关啊？

阿青： 是的。在长达 4 个多月的索薪斗争中，李大钊始终站在第一线。在“六三”请愿中，不少教职员代表，包括他在内均遭到军警毒打，马叙伦受伤住院，于是他再度代理主席职务，忙得不可开交，根本无暇旁顾，因此未能参加会议。

小春： 以李大钊先生大才，陷于这些小事之中，以至于没能参加中国共产党第一次全国代表大会，是不是有点可惜啊？

阿青： 也不能这么说。毕竟这是关系到成百上千教师全家吃饭的大问题，是近在眼前的难关，属于当务之急，也不算是小事。再说革命不就是从一点一滴小事做起的吗？李大钊先生在索薪斗争中的表现，所有教职员工都看在眼里，这对他的威信和影响力的提高肯定大有帮助。先生后来成功地发展党的组织，领导中共北方局的工作，都与此次斗争有一定关系。

博士： 是的，民生无小事。至于影响力，可以说，经过这次斗争，北京市中专以上院校教职工无人不知李大钊。这对于他宣传党的主义、发展党的组织，肯定是有帮助的。

小春：明白了，这就跟图书馆的作用差不多了，一切为了革命。

博士：小春说的很关键，当年的那些革命家，倘若按照古代的读书人行为标准评判，博学审问慎思明辨笃行，个个都是大雅君子，是可敬又可爱的。

小春：是的，大雅君子，可敬可爱。我们与博士相处，也是这样的感觉。

博士：呵呵，幸好我们只是聊聊天，还不算相处哈，不然早就暴露我的学识浅陋啦。

阿青：我有满心的话想要赞美博士，却又怕不能充分表达。就我目前的感悟能力，还不足以评说博士的高雅。譬如背景图里面的茶室，我如果把博士比拟成哪一样器物，无论这器物多么名贵，只要拿来与博士靠得太近，它就显得光鲜而且俗气。也许博士的器量能够容纳整个房间，甚至包括满室的阳光。其实李大钊在北大图书馆，就是这样凭借个人的人格魅力，把许许多多的进步青年吸引到身边，纳入博大的境界之中，让大家如沐春风，乐而忘返。

小春：是啊，原来道理是这样，我明白了。

阿青：今天就到这吧。博士先生再见！

博士：再见！

经典导读

人类的历史，是共同心理表现的记录。一九一七年的俄国革命，是二十世纪中世纪革命的先声。须知今后的世界，变成劳工的世界……

注：节选自《庶民的胜利》。

拾壹

教授馆长
教职工们的精神领袖

博士让我读一篇短文，题为《君子是怎样炼成的》，说是短文，其实是他过去的网上聊天辑录。这题目无比炫酷，我几乎以为是一篇反讽文字。我当然知道，博士一向情貌蔼然，仿佛高雅主人待客，必是把尊重当作首要的礼节，不会用那样的文笔写作，更不会那样与人交谈。等我往下阅读到博士的引文，瞬间就明白了事情的真相，而且为此欣喜万分：

博学之，审问之，慎思之，明辨之，笃行之。有弗学，学之弗能，弗措也。有弗问，问之弗知，弗措也。有弗思，思之弗得，弗措也。有弗辨，辨之弗明，弗措也。有弗行，行之弗笃，弗措也。人一能之，己百之。人十能之，己千之。果能此道矣，虽愚必明，虽柔必强。

——《中庸》

我不由得脑补当时的画面，定是说者欣然听者喜悦的一次聊天，那是博士的课堂，以仁心说以学心听，每个人的心中，各自执着一幅图画，就像万镜中的异世。现代网络的信息传播，就是这般奇妙，改变了以往的时空概念。

博士认同师与友的必要，同时也强调了路径的重要。他说，儒家经典《大学》《中庸》历来都被视为学者进德修业的入门知识，对于读书人而言，这是绝对必读之书、重中之重。就像阿里巴巴打开藏宝洞的咒语，一句“芝麻开门”，不难懂也不难做，但是知与不知两重天。

博士说，在古人看来，“弟子不必不如师”，弟子是老师观念能力的一部分，是老师生命的拓展和延续。孔孟这样的大贤，教给门徒的经典，就像慈父弥留之际叮嘱爱子的、以生命鲜血换来的经验。后人缺少对大贤的爱，因此对仁者的叮咛重视不起来。

博士说，古今所画孔子授课的场景，多半是摆布造型设色，过年贴在墙上好看就成。有的古画，仿佛画的是围棋的棋谱，人物分布，收边收角，四平八稳，老师高高在上的样子，师生之间的感觉显得很疏远。近现代的画作，师生间的距离倒是被拉近了，却因为太近了，要么就像一群孩子围着阿姨听故事等着分点心，要么就是颜回、子贡等大贤的坐席歪歪扭扭，非常之不正。总之，古往今来这些图画，看着让人很不舒坦。

博士说，画家不了解这不怪他，毕竟谁也没有亲眼见到孔子上课的情景。可是数百年来，大儒名流不可能视而不见吧？看图的人都不说话，这说明很多问题，抑或是重中之重的“咒语”，因为不假思索，都被“不求甚解”了。

博士说，君子大德的养成之法，由此被遮上了历史的迷雾。世间最难做的事，不是办不到，而是熟视无睹。

我读得惊喜莫名，想象着博士清朗和缓的声音、抑扬顿挫的语调，想象着李大钊在北大讲台上的身影，想象着百年之间往圣与今贤的风姿，交叠幻化，仿佛空阔沧溟上白云昼静、清夜月明，安静又美好。我的内心充满了敬仰与神往。李大钊从一个孤儿到大无畏的革命家，他和爱护帮助他的那些人，所接受和传承的教育，一定给了他们不断成长的鼎助。

李大钊在沙滩红楼的办公室，是他从事马克思主义宣传和进行革命活动的重要阵地

1920 年 7 月 8 日，北京大学评议会举行特别会议。会议的一项重要内容就是讨论哲学教授马叙伦提出的修正案："图书馆主任改为教授。"由于李大钊业绩突出，能力和为人均受到同事的好评，评议会一致通过了该项修正案，将图书馆馆长改为教授。用现在的话说就是享受"正高"待遇了。7 月 23 日，北京大学正式向李大钊发出教授聘书。

据资料介绍，李大钊在 1920—1925 年不到 5 年时间里，先后在北京大学政治学系、史学系、经济系，以及在北京女子高等师范学校、北京师范大学、中国大学等校开设了“社会主义史”“社会立法”“社会主义与社会运动”“唯物史观”“史学思想史”等课程和“现代普选运动”“各国的妇女参政运动”“工人的国际运动”“印度问题”“人种问题”“社会学”“关于图书馆的研究”等讲座或讲演。此外，他还在复旦大学、上海大学、武汉高等师范学校等地做过有关历史观、历史哲学等题目的讲演。可以说，在我党早期领导人中，李大钊是最有学问的人之一。他不仅是党的主要创始人，而且是全国知识界公认的主流人物。

人们对他的回忆是这样的：圆圆的脸，上唇有两撇浓浓的胡子，戴一副金丝眼镜；中等身材，胖胖的；常穿一套草黄色或者藏青色的西装，也有时候穿一件草黄色的夹袍。他和人说话时，声调不高，很沉、很慢，还带些乡音，头向前微倾并且侧着。他的演说具有极大的煽动力，但不是靠手舞足蹈的渲染，亦不是靠抑扬顿挫、字字珠玑的语言技巧，而是靠新颖的、听众急欲了解的知识内容，丰富的资料和富于逻辑的表达，特别是他言行一致的为人准则，所以能号召、能激励广大群众，他的演说因此才有力量。他讲课时，经常是两只手支在讲桌上稳稳地立着，身子不大移动。

在课堂教学中，李大钊对“社会”概念做了全新的解释。他认为“社会”一语“包含着全体人民，并他们获得生活的利便，与他们的制度和理想”，而与特别事变、特别人物无关。在唯物史观看来，作为个人，除去他与全体人民的关系以外，全不重要。只有全体人民才是最要紧的。这是李大钊社会观的突出特点，是他一以贯之的“唯民主义”的体现。

李大钊还首次提出了“历史”的新概念。他认为，历史观就是对“历史的一种解释或概念”，而不是指汗牛充栋的史料。在李大钊看来，历史是活泼泼的有生命的，是与“社会”同质而异观的历史。所以这样的历史观也可以称作社会观。或者说，有什么样的社会观，就有什么样的历史观。这是一个非常有创意的史学思想，值得今日的史学家深入领会、学习、发掘、研究。

除了繁重的教学工作之外，李大钊还兼职多种社会工作，涉及领域很广。他曾参与发起、筹办北京大学教职员会、北京大学公余法文夜校、北京大学教职员学余俱乐部、北京大学新知书社，担任北京八所专门以上学校太平洋问题讨论会的中文干事和研究员，北京大学“妇孺救济会”调查部“主干”，参与发起为北方灾民募捐的“赈灾会”、救济俄国灾民的“俄国灾荒赈济会”，以及参与发起或参加为本校教授或教职员家属丧事及困难实行捐助的活动，并多次出资助人或为社会公益事业捐款。

积极热心地参与公益活动使李大钊在北京大学教职员和学生中赢得了很高的声誉。1919 年 12 月，他被校长指任为学生自治委员，后又兼任校长室秘书；10 个月后，又被任命为北京大学学生事业委员会委员长。1920 年 10 月 14 日，距他入职北大仅两年多，就被选入商决校政的最高机关——北京大学评议会，并且连续数年担任这一职务。

最说明问题的是，1924 年 3 月，北京大学举行成立 25 周年纪念活动时搞了一项民意测验，其中一个题目是：“你心目中，国内或世界大人物是哪几位？”统计的结果，李大钊在入选的 9 名“国内大人物”中名列第八。这 9 名大人物是：孙中山，473 票；陈独秀，173 票；蔡元培，153 票；段祺瑞，45 票；胡适，45 票；梁启超，29 票；吴佩孚，27 票；李大钊，25 票；章太炎，10 票。

要知道，当时吴佩孚风头正劲，处于他一生中的巅峰时期，外国人称之为“中国最强者”。可是在北大师生心目中，他只比李大钊多 2 票而已。再说梁启超，那是中国近现代思想文化界巨星级的人物，可是也只比李大钊多 4 票。至于陈独秀、蔡元培、胡适这几位，都是新文化运动的领军人物，而李大钊当时才35岁，与他们同在榜上，可见在北京大学师生心目中李大钊的地位是何等之高。

1920年3月，李大钊与胡适、蔡元培、蒋梦麟（从右至左）的合影

第十一次对话

阿青：阅读博士那篇《君子是怎样炼成的》网聊辑录，感觉就像在您的课堂上听讲。读完李大钊在北大教学的史料，又觉得也像是在他的课堂上。

小春： 这么说，我也受了学长想象力的影响，在两个课堂上闪来闪去，简直像开小差，真是过意不去呀。

阿青： 又觉得置身博士空间的背景图上，茶室里博士正在用那把壶为我们斟茶，谈笑自若，姿态高雅。若是让我拿起那把壶为两位斟茶，我会格外认真，也会因此显得拘谨，只是做了茶事，却失了茶道，少了茶艺之美。

小春： 要是这么说，如果让我拿起那把壶为两位斟茶，虽然不重，我会觉得它很有分量。

博士： 两位都在表述十足的诚意，“诚”就是美。

小春： “诚”就是美？

博士： 那么现在咱们就动用古人“慎思明辨”的法宝，做一回“格物致知”的功课。什么是“美”呢？平常说美，形形色色，好像都有了标准定义一般，人们获取“美”的方法就如田径比赛，达标则得分。岂不知这样对待“美”会让它失去大部分的意义和价值。譬如我给二位斟茶，衣着装扮处处讲究，手眼动作娴熟优美，凤凰点头、关公巡城，一套一套层出不穷，就算是评定茶艺师都无可挑剔了，但是你们喝到嘴里的茶是凉的，被我做这儿做那儿地耽搁时间太久，你们说我的行为举止美还是不美？

小春： 这需要客观说来，辩证地看了……

博士： 这种看法是不对的，这样的行为举止是不美的。无论是人与人之间，还是人与自然之间，“美”都是授与受过程的图景。看似一个字，也是有标准的，其实它表述的是一个过程——表达与感受的过程。喜欢的人某些不好的举止你也会觉得不难看，样貌好看的人多数的举止在异性眼里都是美的，婴儿的一切举止在人类眼里都是美的。茶道的宗旨之一，就是向对方传达尊敬和愉悦。这就好比人的才华，唯有谦逊的人，唯有放弃虚荣、骄傲、争强好胜之心的人，唯有处处把对方当作主角重点的人，你的才华在对方眼里才是花朵，否则就是棘刺。

阿青：我似乎明白了，除非是极少数修行到圣贤境界的人，绝大多数人对自我的评价判断，很难准确无误，所以都很敏感，容易产生不良的情绪。就像开车，谁都无法精准地捋着线走，所以避让就要多一些，给对方留出的路要尽量宽一些。

小春：仅仅一个“美”字，竟然可以涉及这么多事情。

博士：阿青正在采写的书稿，书名是“走近李大钊”，“走近”两个字是关键。就算是完完全全知道李大钊的日常起居细节，也未必算是“走近”。孔子说：“言顾行，行顾言。”从史料中李大钊的言行以及同事、群众对他的态度上，我们完全可以得出“美”的结论。重点是，这才是“看法”，这才是走近李大钊的方法。

阿青：看他把“个人”与人民对举，就知道他是在指向管理者、领导者，就像父母认为儿女才是最重要的。

小春：试想一下，在李大钊这样的形象情貌中，作为一个寻常社会人的“小”趣味还有吗？自私自利的心还有吗？妒忌虚荣的心还有吗？偏激固执的心还有吗？这是多么纯粹的人格啊！这是多么高尚和蔼又真实的一个人啊！

因此他的被害，才让国人无比的悲愤啊！屠杀民族圣贤的罪恶，难道不惹得天怒人怨吗？

阿青：从李大钊先生授课和参与社会活动的情况，完全可以看出他为人的“诚”，他真诚地对待师友的托付，也真诚地对待自己的内心。他开的课程和举办的讲座很杂，有“现代政治”“唯物史观”“史学思想史”“社会学”等十几种。

小春：真是学识广博。一般人想“杂”还“杂”不了呢。现在的大学老师能开三门课就很不简单，能开五门课的就属凤毛麟角。李大钊先生能讲十几门课，真是教授中的精英。

阿青：这是李大钊先生博学笃行的例证，他开的课程“杂”而精，涉猎广泛。他对唯物史观的阐释非常精辟。他认为，只有唯物史观才是解释历史的正确方法。在唯物史观出现以前，历史学家研究历史不外是叙述些政治上、外交上的史实，很少能够对历史发展原因进行深入的探究。虽然也有人说，宗教或政治因素是历史进化的关键，但这不足以说明人类社会发展的根本原因。他的意思是，与其把宗教看作原因，不如把它看作结果更有道理。至于用政治的变动来解释历史的发展也是不恰当的。因为政治的变动，也不是终极的动因，而是次生现象。把次生的结果当作最初的原因，这就好比把车放在马的前边一样，是本末倒置。只有唯物史观另辟新径，它“不求其原因于心的势力，而求之于物的势力，因为心的变动常是为物的环境所支配”，这样就找到了历史发展的根本原因所在。

小春：这是马克思主义唯物史观的基本观点，即经济基础决定上层建筑。

阿青: 他认为由于对历史事实的解释方法不同,所谓“历史”的性质也就不同，从而对于读者的影响也就完全不同。比如从前的“历史”，亦即“历史著作”，专门记述帝王将相耀武扬威的事，或夸耀自己国家的尊荣，以讨这些权势阶级的欢心。史家所记的事实，都是为适合此等目的。而解释这些事实则用神学的方法，把统治阶级的所有特权都置于超自然的神权的保护之下。这种历史不过是“权势阶级愚民的器具”。

作为新的历史方法的唯物史观，与旧的历史方法有着根本的不同。旧的历史方法“看社会上的一切活动与变迁全为天意所存”，因而“寻社会情状的原因于社会本身以外，把人当作一只无帆、无楫、无罗盘针的弃舟，漂流于茫茫无涯的荒海中”，它给人们的是一种“怯懦无能的人生观”。而唯物史观则认为，“社会上的一切活动和变迁全为人力所造”，因而“于人类本身的性质内求达到较善的社会情状的推进力与指导力”，从而给人一种“奋发有为的人生观”。这些观点见于李大钊的《史观》一文。《史观》是他 1923 年为北京大学史学系开设“史学思想史”课程所写的讲义，是该课第一讲。因为是第一讲，带有开宗明义的性质，所以说的都是比较重要的观点。

小春: 我最佩服的是，看先生的全集，他的文章中引用了那么多文献资料，我猜想当年他的书桌上一定书本堆成山了。那年代没有电脑搜索，全靠头脑记忆，真是让人佩服。

阿青: 小春，据我所知，先生的全集不止一个版本。你说的是哪家出版的?

小春: 是人民出版社的“修订本”，2013 年出版的。

阿青：这个可能是最新的本子了，是由中国李大钊研究会编注的。其最大特点是做了数十万字的注释，对于当代青年的学习很有帮助。

小春：“人类的历史，果何自始？曰：不知所自始。果何由终？曰：不知所由终。在此无始无终，奔驰前涌的历史长流中，乃有我，乃有我的生活。前途渺渺，后顾茫茫，苟不明察历史的性象，以知所趋向，则我之人生，将毫无意义，靡所适从，有如荒海穷洋，孤舟泛泊，而失所归依。故历史观者，实为人生的准据，欲得一正确的人生观，必先得一正确的历史观。”句句都是美，处处都明理。

阿青：先生此说揭示了历史观与人生观的内在联系，这是一个很有创意的思想。

小春：“吾兹之所谓历史，非指过去的陈编而言。过去的陈编，汗牛充栋，于治史学者亦诚不失为丰富资考的资料，然绝非吾兹所谓活泼泼的有生命的历史。吾兹所云，乃与‘社会’同质而异观的历史。同一吾人所托以生存的社会，纵以观之，则为历史，横以观之，则为社会。横观则收之于现在，纵观则放之于往古。此之历史，即是社会的时间的性象。一切史的知识，都依他为事实，一切史学的研究，都以他为对象，一切史的纪录，都为他所占领。他不是僵石，不是枯骨，不是故纸，不是陈编，乃是亘过去、现在、未来、永世生存的人类全生命。对于此种历史的解释或概念，即此之所谓历史观，亦可云为一种的社会观。”看这语言特色，很像是课堂讲义呢。

阿青：李大钊先生此说又揭示了历史观与社会观的内在联系。此观点深刻至极。所谓“听君一席话，胜读十年书”，我现在真有这种感觉。他的这句“纵以观之，则为历史，横以观之，则为社会”，说得多么简洁明白，一句话就把历史与社会的内在关系说得清清楚楚，使人顿开茅塞。我还从未听别人这样说过。这是先生的真知灼见，对于中国的史学研究具有重要的指导意义。甚至可以毫不夸张地说，是为中国乃至世界的史学研究开辟了一个新天地。从此以后史学家们应该明白，他们所研究的历史不过是“纵观”之“社会”而已。正如先生所说，历史“即是社会的时间的性象”。

小春：等等，“性象”是什么意思？我头一次听到这个词。

阿青：就是“坐标”。李大钊先生的意思是，一个社会有两个坐标轴，历史就是社会在时间坐标上的展现，是纵向性的现象，这就是时间的性象。

小春：啊，我懂了。一个社会，当它在空间上展开，表现为东西南北中的存在状况，这就是社会现实；当它随着时间的流逝而变化，表现为各种势力的兴衰成败，制度文化的起承沿革，这就是历史的性象。

阿青：你说得比我清楚多了。

小春：不敢。我这都是受诸位智慧的启发。

阿青：李大钊先生有一句名言：“历史不怕重作，且必要重作。”这个思想很有独创性。在李大钊先生看来，历史观是对史实的“解喻”，它是随时变化的，是生动无已、变动不居的。同一史实，一人的解释与他人的解释不同，一时代的解释与他时代的解释不同，甚至同一人对于同一史实的解释，昨日的见解也可能与今日的见解不同。此无他，事实是死的，一成不变的，而解喻则是活的，与时俱化的。所以只要你解喻史实，你就是在重作历史。要理解这个思想，关键是要明白，历史不等于“史实”，历史是对“史实”的解喻，也就是解释。而任何解释都带有主观性，甚至是功利性。广义来说，这就是“重作”。所以他说：“历史不怕重作，且必要重作。”不断地重作历史是必然的。“根据新史观、新史料，把旧历史一一改作，是现代史学者的责任。”

小春：李大钊先生这一思想与意大利历史哲学家克罗齐有相通之处。克罗齐在《历史学的理论和实际》中提出一个有名的观点：“一切历史都是当代史。”意思是说，人们研究历史和撰写历史都是从现实的兴趣出发，反映当代人的思想，为当前的目的服务。克罗齐这本书是1915年出版的，但是中译本直到1982年才出版。我国史学界的人看到克罗齐的这一观点，无不大呼“深刻”，岂不知早在60年前李大钊先生就已经把这一观点阐述得非常清楚了。

阿青：是的。李大钊先生认为，历史就是过去与现在无休止的对话，或者说是一个不断重新构建的过程。胡适曾经说过一句饱受非议的话：“历史是个任人打扮的小姑娘。”其实他这句话并不全错，是对一半、错一半。对的是，历史确实任人重作，即他所说的“打扮”，事实上每个人都或多或少地在重作历史。但是不能因此就对历史抱虚无主义态度，历史的“重作”不是随心所欲的，不是无立场、无是非的。

小春：更何况历史事实是不能随意改变的。借用胡适的话说，小姑娘虽然可以任人打扮，但是丑小鸭打扮不成白天鹅。

阿青：《史观》的结尾一段是这样写的：“一部整个

的中国史，迄兹以前，遂全为是等史观所支配，以潜入于人心，深固而不可拔除。时至今日，循环的、退落的、精神的、‘唯心的’历史，犹有复活反动的倾势。吾侪治史学于今日的中国，新史观的树立，对于旧史观的抗辩，其兴味正自深切，其责任正自重大。吾愿与治斯学者共策勉之。”现在，我们正在实现着李大钊先生的愿望。

小春：史学的教学本不是李大钊先生的专业，然而他的成就观点竟能与世界史学家相媲美，果然是教授中的精英。我相信，中国史学界的朋友一定会继承先生的遗志，站在中国特色社会主义新时代的高度，重新书写我们中华民族光辉灿烂的历史。如此，则国家美甚！民族美甚！

阿青：李大钊先生除了当馆长、当教授之外，还曾参与北大的管理工作。先生自被聘为北大教授后，连续四年当选为北京大学评议会评议员。这个评议会是商决校政的最高机关，所以评议员就相当于校务委员，有发言权，参与学校的领导工作。此外，1922 年 12 月 2 日先生辞去北大图书馆馆长职务后，第三天就出任北京大学校长室秘书，相当于校长助理，负责处理学校日常事务。

小春：真没想到，李大钊先生不但能“妙手著文章”，还能“双肩挑”，搞行政管理，先生真是全才呀！

阿青：孔子说“君子不器”，也就是可以担当任何重任，这就是君子的素养。当时北大还有个“进德会”，李大钊先生是该会的甲种会员，并被选为纠察员。

小春：进德会是怎么回事啊？

阿青：1916 年以前，北京大学的校风很腐败，学生年纪大的相当多，其中有的还是举人、秀才出身。校内工友得称呼他们为“老爷”或“先生”。学生大部分住在校外公寓里，一般是穿长袍马褂。学生中打麻将、捧戏子、逛妓院成风，生活自由散漫，谁也管不了。蔡元培先生到北大后，为了整顿校风，于 1918 年 1 月发起成立进德会。“进德”，就是增进道德之意。能遵守不嫖、不赌、不娶妾三个基本戒条的，称为甲种会员，再加上不做官、不做议员的，为乙种会员，此外再加上不吸烟、不饮酒、不吃肉三条的，为丙种会员。师生自愿参加，自报种类。李大钊是第一批报名入会的，自报的甲种。

小春：他为什么不报丙种呢？怕做不到吗？

阿青：应该不是怕做不到。其实他从来都不想当官，也不近烟酒，主要是他认为乙种和丙种的戒条与道德无关，比如抽烟喝酒、做议员，能说不道德吗？所以他就没报。进德会在北京大学是个很有影响的组织，仅在 1918 年 6 月召开成立大会时，入会的教职员就有 160 多人，学生 300 余人。章士钊说：“由今观之，守常一入北大，比于临淮治军，旌旗变色……”从大钊先生在北大的活动来看，章先生此言不虚也。

小春：“临淮治军”是什么意思？

阿青：临淮是指唐朝名将李光弼，他因功被封为临淮郡王。据说他历来治军严肃，发布命令时，诸将不敢仰视。行严先生的意思大概是说，李大钊到北大之后，北大的学风校风为之一变。

博士：这就是“君子炼成”在李大钊这样的人身上，体现出来非同寻常的结果。现代人仅仅借助史料，不容易理解。所以还需要将心比心、完善自我，同时循着大钊先生成长的路径，就可以走近他，理解他，学习他，继承他。

阿青：李大钊已经成为那个时代最优秀的人，当他与年轻人交谈的时候，当他为了让广大青年能够有能力掌握自己的命运，并且成为影响中国未来的新生力量，而讲课时他的课堂所传授的，一定是最宝贵、最明白、最为行之有效的经验，就像家中贤德的父兄一样，就像博士对待我和小春一样。我们研究党史，也不能忽略革命先辈做人做事的这些“细节”。

博士：阿青说得甚好。正是这些“细节”，构成了那些“大节”。不体察伟人真实的日常生活，脱离实际地过度塑造光辉形象，就会让敬爱他们的人无法靠近他们的内心。当轰轰烈烈的革命历史在时间的河流中被其他内容所冲淡，后人想追溯革命先辈足迹的时候，就很容易迷路。

阿青：受教！

小春：受教！

经典导读

凡事都要脚踏实地去做，不驰于空想，不骛于虚声，而惟以求真的态度做踏实的工夫。以此态度求学，则真理可明；以此态度做事，则功业可就。

注：节选自《史学要论》。

拾贰

新文化运动和五四运动的先驱者

博士说："这是一幅画。"

两千五六百年前，深春四月，鲁国首都曲阜城南三里，沂水河北岸，茂密的林莽沿着峡谷转向东南，分别朝着青徐二州连绵而去，在长风卷起涟漪的远方，融入泰、沂山麓的无尽的平野。

国君用于春秋祭天的高台上，从沂水河里沐浴之后的一群鲁国人，正借着浩荡的东南季风，晾晒簇新的春衫和飘逸的长发。十几个青年围绕在一位长者身旁，时而临风歌咏，时而相视一笑，他们在享受着人间最惬意的乐趣。

每年的早春，都有巫女在这个祭坛上舞雩，为神灵歌舞。幽婉的歌喉，柔媚的体态，足够曲阜的后生们一年的回味。

他们的梦想值得等待，他们的世界正在展开。

博士描绘的图画，以人类的见闻习染为颜料，迅疾地在我的脑中三维成像。不过请允许我客观地讲，这显然就是一段随笔。博士在他的空间为了阐释李大钊的为人，评说他的道德学问，于是在冥想的境界里布置了一个道场。此时此地，所谓阅读，要求你必须有想象力地跟进，他说了山水，你就必须脑补一座山一道水，然后根据他表述的内容不断演化，把你自己的"素材"，不断完善成博士的"山水"。我是"瞬移"到这个画境里面的，因为我当时产生了一个错觉，以为博士就在画中。

"所以你一定要当作画来看。"我提示一头雾水的小春。设想那

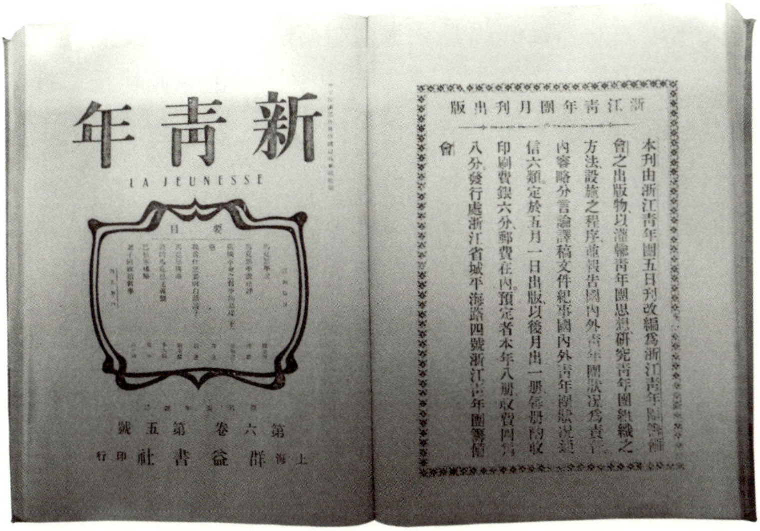

李大钊在《新青年》第六卷第五号上发表文章《我的马克思主义观》

就是真实的世界、真实的人，不再是历史的影像。设想山水平原在眼前展开，设想春季暖风从远方吹来，设想你从未失去所亲所爱，设想老师的谆谆教诲、同学的支持和期待，设想如何能让这些美好永远不再被毁坏，设想你如何才能融入这一系列的存在。

然后你才能理解五四运动前后，摇旗呐喊、号召战斗的李大钊等革命家完整人格的另外一面。

在中国近现代史上，新文化运动与五四运动密切相连。新文化运动吹响了五四运动的前奏，五四运动是新文化运动的升华。而李大钊则是站在新文化运动和五四运动最前沿，披坚执锐冲锋陷阵的英勇战士和精神领袖之一。

新文化运动的直接起因是袁世凯复辟帝制，大力提倡尊孔读经。1914 年发布了《祭圣告令》，通告全国举行“祀孔典礼”。针对这股尊孔复古逆流，以陈独秀、李大钊、鲁迅为代表的激进民主主义者，发动了一场反封建反迷信的新文化运动。这场运动从 1915 年 9 月 15 日《青年杂志》在上海创刊开始。陈独秀任杂志主编，李大钊是主要撰稿人并参与编辑工作。1916 年，《新青年》杂志编辑部迁到北京，李大钊、高一涵、鲁迅、胡适、刘半农等人轮流编稿。

他们高举民主和科学两面大旗，从政治观点、学术思想、伦理道德、文学艺术等方面向封建复古势力展开了猛烈的冲击。1917 年又举起“文学革命”的大旗，提倡白话文，反对文言文，提倡新文学，反对旧文学。蔡元培出任北京大学校长后，邀请了许多有新思想的学者到校任教。这样，《新青年》杂志和北京大学便成了新文化运动的思想领导中心。

1917 年爆发了伟大的俄国十月社会主义革命，使中国先进的知识分子看到了民族解放和民族复兴的希望。1918 年 11 月，《新青年》发表了李大钊写的《庶民的胜利》《布尔什维主义的胜利》，热烈欢呼俄国社会主义革命的胜利，为新文化运动注入了崭新的精神元素。这是新文化运动交响曲中的最强音。五四运动后，宣传马克思主义成为新文化运动的主流。

1919 年元旦，李大钊在《国民》杂志上发表了《大亚细亚主义与新亚细亚主义》一文，尖锐地指出：日本军国主义者所提倡的“大亚细亚主义”就是并吞中国的隐语，就是“侵略的主义”，“是吞并弱小民族的帝国主义”。这是我国知识界第一次按照马克思主义观点提出“帝国主义”这个概念，因而具有重要的历史意义。李大钊还鲜明地提出必须以民族解放做基础，根本改造中国和亚洲，然后与世界各民族结成“大联合”，从而“益进人类的幸福”。

新文化运动是中国近代史上一次空前的思想解放运动，它沉重地打击了统治中国 2000 多年的腐朽礼教，启发了人们的民主觉悟，推动了现代科学在中国的发展，为马克思主义在中国的传播和五四爱国运动的爆发奠定了思想基础。

现在，孔子的思想和形象受到尊重，因此有人提出疑问，当年新文化运动提出“打倒孔家店”是不是错了？关于这个问题，还是听听李大钊是怎么说的。1917 年，李大钊在《自然的伦理观与孔子》一文中说：“余之掊击孔子，非掊击孔子之本身，乃掊击孔子为历代君主所雕塑之偶像的权威也；非掊击孔子，乃掊击专制政治之灵魂也。”就好比勤王的军队围住都城，并不是要挑战皇权而是为了消灭叛贼拯救皇帝。立场明确吧？孔子是与他有着文化血缘的先贤啊，李大钊怎么可能反对孔子本身，他是反对那些假孔子之名行专制之恶的所谓“传统”，反对那些被强盗们不断篡改的欺压良善保护邪恶的规则。

据许德珩回忆，五四运动前后，在许多有关社会活动的记载中，都能看到李大钊的名字。通过这些活动，他和周围群众，尤其是青年学生有了更密切的联系，从而为进一步开展革命活动，尤其是建立中国共产党北方组织创造了有利条件。

现在回头看，五四运动之所以横空出世，震醒国人，有以下几个条件：

一是有新文化运动的思想启蒙做先导。如上所说，新文化运动高举民主、科学的大旗，从思想文化领域激发和影响了中国人民尤其是青年学生的爱国热情，从而为五四运动奠定了思想基础。

二是社团组织的出现。民国初年，各类社团组织在学校和社会各地开始出现，比较有影响的如少年中国学会、工学会、新民学会、新潮社、觉悟社、平民教育讲演团、工读互助团等。这些进步社团虽然不多，但却为五四运动在全国蓬勃开展奠定了组织基础。

三是有思想宣传的阵地。其中《新青年》《每周评论》《国民》杂志居功至伟。这期间，李大钊围绕五四运动发表的几篇文章——《秘密外交与强盗世界》《太上政府》《新华门前的血泪》《哭的笑的》《威先生感慨何如？》，对五四运动的作用、意义和发展方向做了深刻的论述，事实上起了思想导向的作用。

四是有北大精神的推动。民国初年高等教育有所发展，尤其是北京大学，在校长蔡元培的领导下，提出了“思想自由，兼容并包”的办学方针，聘用陈独秀、李大钊、胡适等新文化旗手任教，同时注重培养学生独立自主开放进步的思想和精神，这是五四运动的重要精神动力。

五是国耻情绪的发酵。1915 年 1 月，日本向中国提出灭亡中国的“二十一条”，激起中国知识分子及民众的强烈反抗，并引发一系列反日活动，这种国耻情绪在巴黎和会侮辱性决定的刺激下进一步发酵，终于形成了一股爱国主义和民族主义的激流，巨浪滔天，势不可挡，成为五四运动的一个重要推动力。

六是产业工人和社会各界的广泛参与。出现了不但学生罢课，而且工人罢工、商人罢市、市民抵制日货的抗议浪潮，使五四运动发展成为群众性的反帝反封建运动。

七是有北大学生打头阵。其领导核心是北京大学学生会，这个学生会的骨干成员都是团结在李大钊周围的先进分子，后来这些人大多成了中国共产党的早期党员。五四运动的发起，与李大钊对这些青年的培养教育是密不可分的。

五四运动的导火线是“巴黎和会”拒绝中国代表团提出的要求，竟将德国在中国山东的权益无条件转让给日本。这一违背公理的决定，是对中国人民的巨大侮辱，由此引起民众的极大愤慨。北京学生群情激愤，学生、工商业者、教育界和许多爱国团体纷纷通电，斥责日本的卑鄙行径，要求中国政府坚持国家主权。正所谓压力越大，反作用力越大，五四运动之所以爆发力惊人，实与巴黎和会的侮辱性决定有直接关系。偏偏这时又有三个卖国贼不知进退、火上浇油，群众的怒火有了喷射对象，于是一发而不可收。

五四运动持续大约一个月，最后以北洋政府做出让步、学生请愿要求完全达到、中国政府代表拒绝在巴黎和约上签字而告结束。五四运动的成功极大地鼓舞了国人救亡图存的信心，仿佛在国人面前打开了一扇窗子，透进了新鲜空气，国人看到了崭新的世界。中国共产党应运而生，从此中国进入了新民主主义革命时代，成了世界无产阶级革命的一部分。

五四运动对中国社会的影响是极其深远的。五四运动后，全国各地的进步报刊和进步社团如雨后春笋般涌现。“五四”前，倡导新文化的刊物只有《新青年》《每周评论》和《新潮》等少数几种。五四运动后的一年时间里，全国新出版的期刊猛增至400余种。毛泽东主编的《湘江评论》就是其中最有影响的一个。李大钊认为它是全国最有分量、见解最深的刊物。《晨报》说它“魄力非常充足”。“五四”之前的进步社团，比较著名的只有北京的“少年中国学会”“国民杂志社”、湖南的“新民学会”、天津的“觉悟社”等寥寥几个。五四运动后一年中出现的进步社团就有三四百个。这些报刊和社团传播了马克思主义，促进了马克思主义同中国工人运动的结合，为中国共产党的成立创造了条件。

关于五四运动的意义，李大钊指出，我们的仇敌不仅是日本帝国主义者，卖国的也不仅是曹汝霖、章宗祥、陆宗舆几个人。所以，单是打死几个人，开几个公民大会，是达不到目的的。我们必须“反抗侵略主义，反抗强盗世界的强盗行为”，“把这强盗世界推翻”。这正是五四运动所具有的彻底地不妥协地反帝反封建的斗争精神。

将科学民主思潮引向反对帝国主义、反对北洋政府的反动统治，引向工人运动和农民运动，引向苏俄的革命道路，最后促成了中国共产党的诞生，这一历史伟绩，李大钊功不可没。

担任《新青年》轮流主持编辑时的李大钊

第十二次对话

阿青：博士好！

博士：阿青好！

小春：问候两位，我有一事不明，正好博士、阿青都在，还望不吝赐教，为我拨云见日。

博士：小春好！但问无妨。

小春：我看了博士的“画”，也读了阿青的解说，但是这与李大钊在新文化运动和五四运动中的表现有什么关系呢？

博士：小春问得好。李大钊不惜牺牲生命所追求的社会是个什么样的图景呢？中国共产党人宣誓终生为之奋斗的目标就是解放全人类，让所有的人都获得幸福，是吧？

小春：是的，这与孔子师徒的国泰民安的理想世界属于同类，而且有过之而无不及。

阿青：小春好。孔子的弟子曾皙畅谈自己的人生理想，正是描绘了博士的那幅画。孔子对此深表赞同：“我和你是一样的呀！”因为这是至善之境，也是他的人生理想啊。国泰民安，不正是他的从政目的吗？

博士：就像孔子也并非我们曾经以为的样子，并非自始至终弯着腰拱着手一幅温良恭俭让的面貌。《礼记·檀弓》

记载，弟子子夏问孔子，对于杀死父母的仇人，该如何处置。孔子做了这样斩钉截铁的回复：“不脱甲胄，睡在草堆里，头枕着长矛，不应聘做事，不能容忍那人活在同一个世界上。”当我们走近李大钊，就会发现他并非我们曾经以为的样子，并非整天不苟言笑、不食人间烟火，翘着浓密的胡子横眉冷对那个世界。

阿青： 李大钊先生一生经历了很多大事，其中新文化运动和五四运动是除了建党之外，最重要的大事。他在新文化运动中的贡献和作用，见于他发表的许多重要文章，如《青春》《“晨钟”之使命》，等等。无论是新文化运动，还是五四运动，李大钊都是亲身经历，而且处于运动的中心。他的表现，更像一个斗士，更像博士所举例子里孔子的“枕戈待旦”精神。

博士： 斗争的时候，那个主张战斗的，是“枕戈待旦”的李大钊。他之所以这样做，正是因为他的内心有一个理想，有一幅画，那就是这个国家、这个民族、这些青年的未来前景——那个春衫长发歌咏于太平盛世的幸福图景。当幸福图景遭到毁坏，仁爱之心就会增添勇武的意志。

阿青： 是的。五四运动的起因是中国在巴黎和会上的交涉失败。这个大家都知道，我就不多说了。五四运动前期的主力军是北京学生，而其真正发起者则是北京大学学生会。当时北京大学有很多社团，最有名的是“鼎足而立”的三个社团，办了三个刊物。《新潮》提倡白话文，反对旧礼教，但绝口不谈政治；与之对立的《国故》则专门反对白话文，鼓吹封建文化和封建道德；《国民》杂志是爱国团体“学生救国会”创办的全国性刊物，他们聘请李大钊为导师，并为杂志撰写文章。该杂志的特点是公开谈论政治，坚决反对日本帝国主义的侵略。这些社团的言论对于五四运动的准备和发动起到了促进作用，但是由于他们思想倾向不同，隔阂甚深。这种情况不利于团结一致共同对敌。后来经过李大钊的协调，在“五四”前，北大各学生团体终于团结起来，成为五四运动的一股主要力量。

博士：人心齐泰山移，最难齐的是人心。

小春：这个时期，李大钊和进步学生经常谈论的一个话题是“直接行动”。这是什么意思呢?

阿青：所谓“直接行动”，就是不经当局允许而直接采取法规以外的行动，以达到革命的目的。这是国外工人运动经常采取的方式。五四运动也面临当局是否允许的问题，所以他们经常就此展开讨论。他们的结论是，同帝国主义和反动军阀搞合法斗争是行不通的，必须采取“直接行动”。后来李大钊在《五一节杂感》一文中把“直接行动”公开提了出来，这实际上是五四运动即将到来的信号。

小春：原来如此，如果不“直接行动”，那就没有行动了。

阿青：当时有三个卖国贼——曹汝霖、章宗祥、陆宗舆，民愤极大。“五四”前不久，驻日公使章宗祥带着日本小老婆回国商量如何卖国，留日学生像送葬似的送他上车，把白旗丢了一车厢，他小老婆吓得直哭。消息传到国内，大家拍手称快。这虽然是件小事，但是对北京的青年学生起了诱导作用。“五四”那天学生们到赵家楼去，一个直接目的就是给曹汝霖送白旗。后来事态扩大，成了“火烧赵家楼”。

博士：群众运动中的势态，历来都是最难把控的。

阿青： 5月4日的行动计划，是头一天定的。5月3日各校代表和北大学生在学校的三院礼堂开大会，当时群情激昂，有一位同学咬破手指，血书“还我青岛”。会上有人提议：留日学生可以给章宗祥丢白旗，我们为什么不给曹汝霖也来一下？意思是把白旗送到他家去。大家一致同意，决定第二天举行游行示威，并给卖国贼曹汝霖送白旗。

1919年5月4日，是个星期天。那时候，北大的红楼后面是一片空场，大家就在那里集合排队。大约下午一点钟，队伍准备出发时，蔡校长挡了一下，说有什么问题，他可以代表同学们向政府提出要求，但是同学们不肯停下，他就让开了。同学们走出学校，沿北池子大街向天安门行进。队伍前面，举着一副白布对联，像挽联一样。写的是：

卖国求荣，早知曹瞒遗种碑无字；

倾心媚外，不期章惇余孽死有头。

所指何人一看便知。下午一时半，十几个学校的学生齐集天安门前，人人手里拿着一个或两个小白旗，旗上写着“诛卖国贼曹汝霖、陆宗舆、章宗祥”“还我青岛”“头可断青岛不可失”等。

小春： “曹瞒”是曹操，“章惇”是什么人呢？

博士： 章惇是宋朝人，苏轼的同僚，有传言说他陷害过苏轼。曹操、章惇在戏曲和文学作品里面都是奸臣形象，五四运动时学生借用了“曹”“章”这两个姓，人物的生平史料是不相干的。

阿青：大家纷纷发表演说，喊口号，之后集合队伍向东交民巷使馆区进发，但是有一个巡捕手持木棒，在路口来回巡逻，不准学生队伍通过。停了许久后，允许学生一进东交民巷就往北拐，从利通饭店后面穿过去，到了东长安街，然后穿过东单、东四，到了赵家楼。曹汝霖的住宅在路北，临街的窗口都有铁丝网，大门紧闭，无论怎么交涉曹汝霖也不肯出来。其实，他当时如果出来，很可能学生们也就是骂他一顿卖国贼之类，然后丢下白旗走人。可是他却不出面，也不开门。

博士：事态往往就是这样，不干预就可能升级，直到一发不可收拾。这几个卖国贼也是罪有应得。

阿青：大家有气无处发泄，就用旗杆把沿街房屋上的瓦片捅下来，摔了一地，瓦片又被学生抛进院里。还不解气，于是有人从天窗爬进院里，打开大门，大家一拥而入。找不到人，就砸东西，一面砸，一面哭，巡警有的也哭了。捉到曹汝霖的爹、小儿子、小老婆，还有一个三十几岁的女人，都没有打，放了出去。后来人们又拥到东院，恰逢章宗祥从里面出来，大家以为是曹汝霖，上去就打，捡砖头瓦片砸，把他砸得头破血流，倒在地上不省人事。据说头皮打破，骨头都露出来了。其实这天晌午，曹和陆、章二人都在总统府赴宴，饭后，有人劝曹不要回去。曹说“怕什么”，就同章宗祥回家了，结果碰个正着。他藏在老妈子屋里躲过一劫，章宗祥替他挨了顿打。

后来不知怎么起了火。有人说是北大学生放的，有人说是赵家人为了嫁祸于学生自己放的。果然，起火之后，警察就开始抓人！但是这时，学生已经一批一批地走了，留下的已经不多，只抓走了 32 人。当天晚上，学生又在北大三院礼堂开会，为了营救被捕学生，决定各校同盟罢课。5月7日，北京政府害怕事情闹大，把学生释放出来。于是各校就都复课了。

小春：从这些细节上完全能看出来，学生的情绪也是因为事态的变化波折才导致爆发，虽然群情激奋，但他们做事还是有底线的。

阿青：第三天，蔡元培辞职，离开北京。这时，“北京中等以上学校学生联合会”已经组织起来。教职员为挽留蔡校长赴教育部请愿。更重要的是，大概15日左右，一位姓郭的同学在参加五四运动后不幸去世。于是在为他召开的追悼会上，学生联合会做出决定：从19日（星期一）起，北京中等以上26个学校的学生全体总罢课，同时提出抵制日货，罢免曹、章、陆三个卖国贼，拒绝在巴黎和会上签字，挽留蔡校长回校等各项要求，不获全胜决不复课。这是五四运动的第二个高潮。

可是直到6月2日，传说巴黎和约马上就要签字了，中国外交已经惨败，北京政府又不肯罢免卖国贼曹汝霖等，蔡先生也没回北京复职，上述各项要求全没有结果。于是学生又上街讲演，结果又有很多学生被捕。没地方放，竟把北大三院当作临时监狱。学生们更加愤慨，于是6月3日便全体出动，先到前门一带讲演，喊口号。下午，又到北大三院对面，隔岸慰问被捕的同学。这就是后来所说的“六三运动”，是五四运动的新发展和新高潮。

小春：即使过了一百年，重读这些史料，仍是让人惊心动魄。

阿青：在“五四”前李大钊他们就号召知识阶级与劳工阶级打成一片，五四运动中，北京学联根据他的意见，派人南下，同各界联络，所以“六三”以后，参加五四运动的就不只是青年知识分子，而是成为一个有工人阶级、城市小资产阶级和民族资产阶级，以及妇女界参加的广大群众运动。南方、北方，各地罢工、罢市、罢课的消息不断传来，反动政府不得不低头，于6月7日释放了几千名因街头讲演而被捕的学生，10日，报纸上登出罢免曹汝霖、章宗祥、陆宗舆三个卖国贼的新闻。同时，在巴黎的留学生和工人代表包围了出席和会的中国代表团，最后中国代表拒绝在和约上签字。至此，五四运动取得决定性胜利。这次运动是中国由旧民主主义革命转变为新民主主义革命的转折点，具有伟大的历史意义。

小春：终于是胜利了！真是让人出了一口气！

阿青：五四运动期间，还出了一件大事。6月11日，李大钊带领两个人去城南游艺园散发传单，陈独秀和高一涵等人去新世界散发。传单的题目是《北京市民宣言》，内容挺激进，主张推翻段祺瑞政府，并宣布京师卫戍司令段芝贵死刑。结果，陈独秀当场被捕。李大钊立刻组织营救，费了不少力，陈独秀于当年九月才出狱。可是直到阴历年底，陈独秀仍被警察厅监视居住，再待下去很危险。于是李大钊就和他化装成小商人模样，雇了一辆骡车，李大钊赶车，让陈独秀坐在车里，顺利地将他护送出北京，然后经天津去了上海。

小春：李大钊先生还会赶车？

阿青：这个细节也显示出李大钊先生的全能，或者说那个时代优秀者的素养。传统文化里不光是“四书五经”，还有“六艺”。作为君子，齐家治国平天下，生存所需的本领，都是必修的功课。例如孔子，本就是一个驾车、射箭的高手，说他“四体不勤”，那是故意污蔑。

小春： 李大钊先生化装成北方商人一定很像。

阿青： 你怎么知道？

小春： 鲁迅先生说的。他说，李大钊给他的印象很好，诚实，谦和，不多说话。他说在《新青年》的同人中，有的人喜欢明争暗斗，扶植自己势力，可是李大钊从来不搞这一套。

阿青： 这与商人有什么关系？

小春： 哈哈，鲁迅先生说李大钊的模样颇难形容，有些儒雅，有些朴质，也有些凡俗。所以既像文士，也像官吏，又有些像商人。这样的商人，他在南边没看见过，北京却有的是旧书店或笺纸店的掌柜。他说，1926 年 3 月 18 日，段祺瑞们枪击徒手请愿的学生时，李大钊也在群众中，给一个当兵的抓住了，问他是什么人。李大钊答道：“做买卖的。”那个兵说：“做买卖的到这里来干什么？滚你的罢！”说着把李大钊推一边去了。如果他说自己是教员，很可能会没命的。

阿青： 鲁迅先生说得对，李大钊大概真像个做买卖的，所以他赶个骡车出城没人怀疑。

博士： 做就要做得好。据说李大钊在车上还放了一堆账本，如果遇到有人盘查，就说是下去收账。

阿青： 准备得这样周全，看得出李大钊先生是临危不乱的。

博士：“亢慕义斋”有一副联：“出研究室入监狱，南方兼有北方强。”上联写陈独秀为革命坚持不懈，辗转于监狱和研究室之间，下联写李大钊为“北方之强”。两联也体现出二人团结互助，同心同德，共约建党。历史就是这样。中国革命一定会成功，这是必然性。但是一切必然性都在偶然性中开辟自己的道路。正因为这样，历史才如此丰富多彩，才充满传奇性和戏剧性。

阿青：因为博士特殊强调了传统文化中的社会理想图景，我想到了两个重要的情节，对我们理解李大钊的人格非常重要。一个是前文提过的“反孔”，李大钊努力地在为青年剖析义理，推心置腹，非常坦诚。因为这个时期毕竟是以“斗争”为重，不区分害人的封建孔教与孔子本身，也是很容易削弱打击力量的。

博士：是的。同时也透露了一个信息：孔子那样的圣贤，也是李大钊所敬爱的。就像后人热爱李白、杜甫，倘有恶语相加，人们必定要为李杜争辩的。

阿青：嗯。另一件事，就是 1920 年 5 月，在李大钊的努力下，北大学生访问团到达日本东京。在五四运动反日浪潮高涨之时，他告诫国人：“非有深仇于日本人也”，“我们爱日本的劳工阶级、平民、青年，和爱自国或他国的劳工阶级、平民、青年一样诚挚，一样恳切”。日本学生会也在同年 8 月派团来北京访问，确定了中日两国人民之间的友好关系。

博士：阿青说得好。你看李大钊的字，“守常”几乎成了他的座右铭。对于一个受过传统教育的知识分子而言，他以此对外宣示做人的原则，同时这也是他锤炼内在精神的功课。那些不肯思辨的一概而论、非此即彼的极端情绪，在群众运动中不加纠正，都会产生极大的负作用。而这时候就非常需要“老成持重”的人，不气馁也不骄躁，让群情能够依循理性的轨道，这是最为难能可贵的。

小春：我似乎明白了一些，孔子啊，李大钊啊，感觉这些人在特定历史时期的重要作用都是特别可敬可爱的，值得信赖的。和你们相处，也觉得很幸福。

经典导读

社会主义是要富的，不是要穷的，是整理生产的，不是破坏生产的。

在社会主义制度底下做工，是很愉快的，很舒服的，并不像现在资本主义制度下的工作，非常劳苦，同那牛马一样，得不到一点人生的乐趣。

我们想得到真的自由，极平等的自由，更该实现那“社会主义的制度”，而打倒现在的“资本主义的制度”。

注：节选自《社会主义释疑——在上海大学的演讲》。

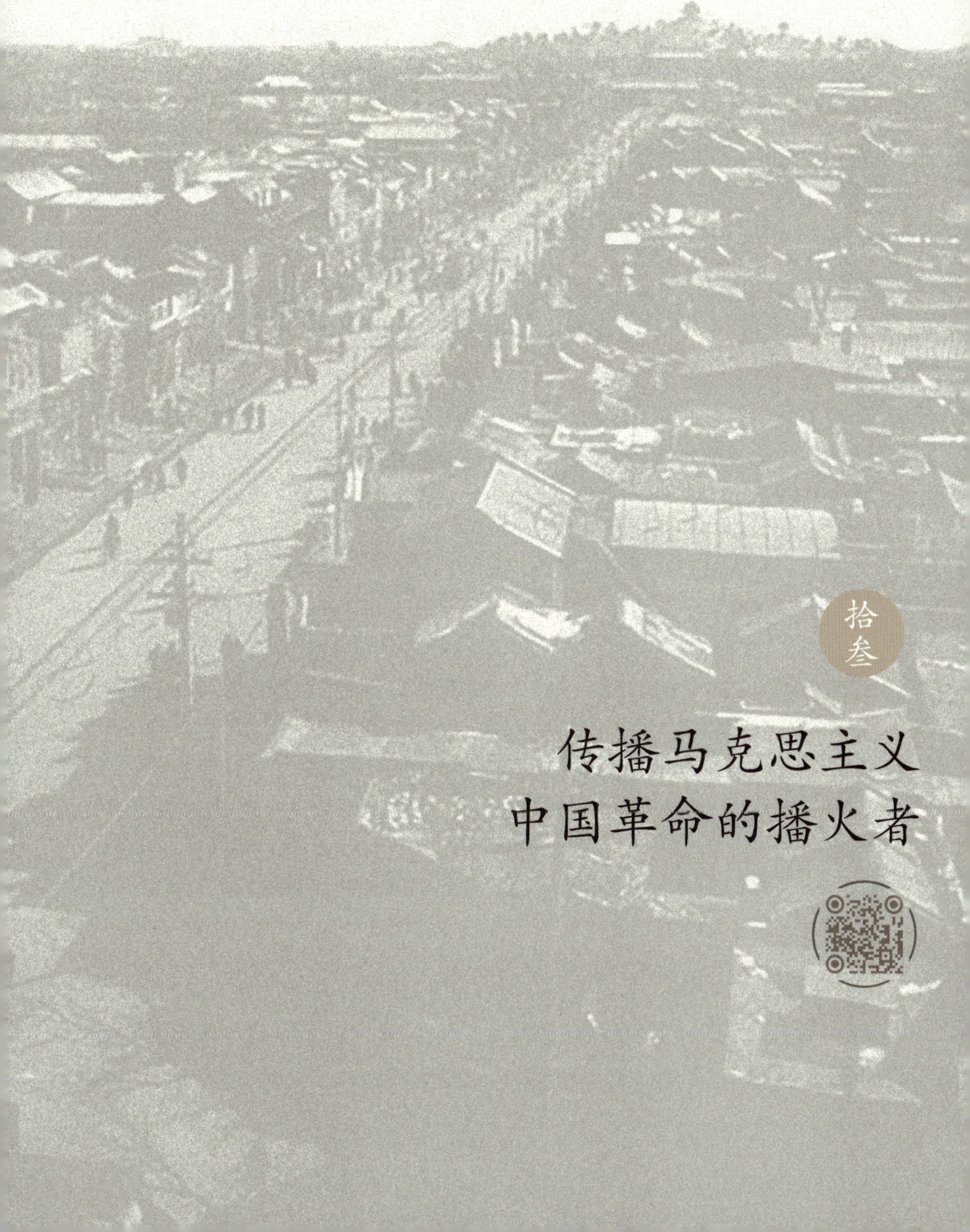

拾叁

传播马克思主义
中国革命的播火者

问过博士，为什么他让我看的图画和随笔内容，除了中国就是日本，却没有列举别的国家？博士说："亚洲诸国，彻底开放国门接受西方思想文化之前，基本上归属于华夏文明，换个说法，就是深受中国文化影响，因此日本的思想文化无须解译就可以拿来说事儿，换个说法就是一说大家都明白。李大钊来过日本，雪泥鸿爪，总会留下情感痕迹，再说他也只来过日本。"

接下来博士便让我看图说话，这一次是日本茶圣千利休的茶室。这是一张陈旧的照片，显得这个称为"待庵"的小小茅屋格外简朴古旧。发黑的屋檐、立柱，壁上的边框，泥土的墙，方块榻榻米，寥寥的两三样茶具，简直不能更简陋了，普通也普通到极致，不愧为美学宗师啊。然而当我巡游的视线落到悬挂着的字画上，确切地说是我看到了"妙喜"两个字，忽然觉得整个茶室焕然变色，似乎被冥冥中的微光照亮了，仿佛整个世界都是暗昧的，只有这茶室中的某样事物如一缕晨曦撞上我的心头。

利休的故事我还是知道一些的，他的人生无疑比较精彩。如果就这样简单地把千利休和李大钊联系起来互相了解，无论如何都是不合适的，博士绝不会犯这样的错误。博士要我看的，是冷清空荡的茶室里，充满时空的东西，静寂中活泼泼的"妙喜"，以及这两个字所昭示的利休的信仰——蕴含在茶道之中的极致之美。在他侍奉秀吉的10年之间，亦即他生命的最后阶段，利休不断地打磨自己，更新自己，提升自己，向着色与空之间的那一层光晕，无限欣愉地翱翔着，用毕生的精力追求信仰，捍卫它到最后一息。这就是利休。因此他是宗师，因此他是圣人。在三千武士的环卫下从容剖腹的一代茶圣，每一个动作，每一丝神情，都是他的美学与暴力黑暗的战斗，都是他挥出的就连时间都无法使之挫折的剑光。

利休对美的执着追求以及由此形成的信仰之光，几乎照亮了日本岛的每一个角落。全世界都能理解日本人如何地崇敬热爱千利休，同样就能理解中国的广大党员与共青团员，如何地崇敬热爱李大钊。正是李大钊让马克思主义的光辉照亮了风雨飘摇的旧中国。

在中国共产党早期领导人中，李大钊接受和传播马克思主义时间最早，理解最深，工作最全面也最深入。在这方面，李大钊所做工作之意义已经远远超出了他个人学术成就的范畴，已经成为中国革命最重要的组成部分之一。如果说马克思主义是沉沉黑夜里的火炬，那么李大钊就是伟大的播火者。是他将马克思主义的火种播撒在中国大地，并使之迅速形成燎原之势，彻底改变了中国的面貌。古老的神州、苦难的民族，从此得以浴火重生。

马克思主义对于中国革命和中华民族的意义，怎么表述都不过分。从鸦片战争到五四运动，中国的百年近代史何止一个“不堪回首”可以尽述？它充满了苦难和屈辱，说是一部血泪史也毫不夸张。但是中华民族数千年的光辉历史灿烂文化岂能就此没落？勤劳善良的中国人民岂能任人宰割甘当牛马？为了救国救民，无数仁人志士前赴后继，不惜抛头颅洒热血，演绎了一幕幕惊天地泣鬼神的悲壮史剧。但是，风雨如磐长夜漫漫，苦难深重的中国人民犹如在黑暗中摸索，不知何

北大“亢慕义斋”旧址

年何日，才能拨开云雾见青天。是十月革命一声炮响，给我们送来了马克思主义，中国人民从此看到了希望，看到了光明。正是在马克思主义的指导下，中国共产党应运而生。此后一百年来，马克思主义始终是指导我们思想的理论基础，是引导我们前行的指路明灯。就此而言，马克思主义就是中华民族的救星。没有马克思主义，就没有今日傲然挺立于世界的中国特色社会主义伟大强国。而这个马克思主义的最早发现者、热心传播者和奋勇践行者，就是李大钊。

所以李大钊在中国共产党中的地位，不但是中国共产党的主要创始人之一，不但是中国共产党北方局的负责人，而且更重要的是，他是马克思主义最早、最权威的解释者和传播者，是全党公认的精神领袖。

新文化运动群星璀璨，为什么是李大钊最早接受马克思主义呢？学者们认为，有如下几个原因。

第一，是因为他有“民彝政治观”的思想基础。

第二，也是最重要的，是俄国十月革命的胜利，在他眼前展现了可以走向成功的革命道路。这给了他思想启迪，使他对马克思主义产生极大的兴趣，并开始用全新的政治眼光来看待中国，看待世界。

第三，是他学养深厚，认真钻研，对马克思主义的研究能力极强。

第四，是他组织了一个学习研究翻译马克思主义的团队，靠集体的力量取得丰硕成果。

第五，是他积极撰写文章，参与思想论战，使马克思主义声名远播，更加深入人心。

第十三次对话

阿青：博士您好！

博士：阿青好！

阿青：按照您留给我的作业，我认真看完了千利休的茶室图，并且思考了利休的伟大之处，正是他的信仰。那茶室就是他的国度、他的战场，而茶道中的极致之美，几乎是战无不胜的力量。

博士：是的。还是阿青说得好。

小春：两位先生好！是把千利休和李大钊做比较吗？

博士：小春好！我们不是把千利休和李大钊做比较。一个茶道大师与一个伟大政党的领袖，两者没法比较。为何要先说千利休呢？这么说吧，譬如作文章或是聊天，为什么要举例子、打比方呢？都是因为原本要说明的事物，资料素材相对较少，为了说明白说仔细，就要拿一个相似的更为熟悉的事物过来，帮助读者或听众推理未知，使之成为可想而知。

阿青：小春好！博士以前也曾说过，图像、故事所包含的信息更多、寓意更广。

博士：是的，按网上流行的话说，有图有真相。在无法提供其他有力佐证之前，图像更接近事实。另外，图像乃至故事更生动，能够传递事实之外的其他信息，比如人的情感情绪，这在描述或者评价一个人的时候，尤其重要。

阿青：正是这样。李大钊是中国共产党人中最早接受马克思主义的人。用孙中山的话说，他就是“先知先觉”。不但如此，他还以如椽之笔撰写二万六千多字的皇皇巨著《我的马克思主义观》，同时组织马克思学说研究会，翻译介绍马克思主义著作。所有这些工作，对于马克思主义在中国的广泛传播，对于中国共产党的建立，对于早期党员树立马克思主义信仰，都起到了决定性的作用。通过他的工作，马克思主义犹如一股强劲的春风吹化了冰冻的大地，使万物复苏、草木萌动，中国开始进入一个崭新的时代，这意味着东方睡狮已醒。

博士：中国共产党成立确实犹如睡狮猛醒。

小春：在建党前后一段时间内，李大钊的作用实在是无人可与比肩。

阿青：嗯。他从小就有一种愿望，为百姓谋利益。用古人的话说，就是“救民于水火”，这是中国传统知识分子普遍具有的一种家国情怀，一种正义冲动。李大钊在接受马克思主义之前，说的很多话，写的很多文章，参与的很多活动，都是出于这种情怀。这与他小时候读的书有关，更与爷爷的言传身教有关。所有这些使他与马克思主义有一种“先天”的亲和力。因为马克思主义也是为人民大众谋利益的一种“主义”。

博士：阿青说得好！其实还有一个思潮，也起了一定作用，这就是无政府主义。

小春：怎么？李大钊还有无政府主义思想？

博士：小春可能不理解，其实在上个世纪初，无政府主义思想在中国影响很大，很多激进知识分子，包括毛泽东在内都有无政府主义思想倾向。

小春：为什么会这样呢？

博士：因为他们对无政府主义思想的接触，早于马克思主义。要知道当时的中国，危亡在即，很多有志之士都在寻求救国的方法。因此在当时的思想领域，好多人都在不停地探索，希望找到一条必由之路。

阿青：无政府主义和马克思主义一样，都反对资本主义剥削制度。无政府主义者的口号是人道、博爱、互助、世界主义、劳工主义、总同盟罢工、“直接行动”。

博士：所以小春你看，如果你在那个时代，在马克思主义出现之前，你会对哪种思想感兴趣呢？

小春：嗯，还是无政府主义更可心一些呀。

阿青：有人还提出“到民间去”，遍设“劳民协会”，进工厂、做农民、当士兵，以建立革命基础，甚至有人提出“农民革命”的思想。所有这些，对于不满现实寻求变革的激进知识分子肯定是很有吸引力的。中国无政府主义者的成分很复杂，主张也五花八门。其基本的思想是号召人们采取“直接行动”，通过共同罢工，使旧社会灭亡。

小春：对呀，李大钊以前也讲过“直接行动”。

阿青：当然，无政府主义是社会主义运动中产生的一种小资产阶级政治思潮，它反对马克思主义的国家学说，否定一切权威和任何形式的国家政权，主张个人绝对自由，他们设想不经过无产阶级革命和无产阶级专政就可以实现其最终目标。

小春：啊，原来是这样。那么李大钊先生也有这种思想吗？

阿青：1918年底以前，李大钊对无政府主义是不感兴趣的，因为他是学政法的，他对在中国实行西方民主制度一直抱有信心。可是俄国十月革命以后，情况有了变化。原来俄国的无政府主义者与提倡改良主义的法国无政府主义和鼓吹利己主义的德国无政府主义不同，他们主张以暴动来消灭国家，以互助主义、集产主义实行没有任何权力支配的各种团体的自由联合和生产资料的社会所有。许多中国的无政府主义者都接受了这种思想。

博士：如果打个比方的话，无政府主义就像美梦，马克思主义更像蓝图。

阿青：当时国内误认为俄国的十月革命是“无政府共产”，是“自由平等博爱”，以为列宁的政策是“举政权归诸劳动者之手，是近乎方今发展之‘直接行动主义’”。在这种观点的引导下，李大钊开始接触无政府主义，并由此对布尔什维主义、十月革命和马克思主义产生了浓厚兴趣。

博士：这是一个上下求索，去其糟粕、取其精华的过程。

阿青：是的。因为俄国的无政府主义更接近马克思主义，所以实际上它成了李大钊接受马克思主义的一个前期“铺垫”，也可以说是“思想预热”。它虽然不是马克思主义，但是它打破了李大钊对西方议会民主制的信任，使他由此走上了对马克思主义的信仰之路。

小春：我知道有四篇文章，大名鼎鼎，反映了李大钊接受马克思主义的思想历程，这就是《庶民的胜利》《Bolshevism的胜利》《我的马克思主义观》和《再论问题与主义》。

阿青：《庶民的胜利》是1918年李大钊在北京中央公园庆祝会上的一篇演讲。庆祝什么？庆祝中国成为战胜国呀。此事很有戏剧性，中国是在战争结束前6天，也就是不到一星期，对德奥宣战的。结果中国未出一兵一卒，未费一枪一弹，竟然也跻身于战胜国之列。对此，北洋政府乐不可支，宣布为庆祝欧战胜利，各机关在11月28日放假一天。北京大学教员、学生也是一片欢腾。

从28日开始，连续三个下午在中央公园举行讲演会，以示庆祝。就在这一片欢呼声中，李大钊在演讲时对听众发出了一个疑问：这次战争中获胜的究竟是哪一个？我们大家究竟是为哪个庆祝？听众懵了，都用疑惑的眼光看着他。他自问自答说："这回战胜的，不是联合国的武力，是世界人类的新精神。不是哪一国的军阀或资本家的政府，是全世界的庶民。"为什么这么说呢？因为"这回大战，有两个结果：一个是政治的，一个是社会的。"政治的结果就是"大……主义"失败，民主主义战胜。所谓"大……主义"就是依仗强力压迫人，民主主义则是本着互助的精神和自由、平等的道理来反抗压迫的，因此民主主义战胜就是庶民的胜利。社会的结果是资本主义失败，劳工主义战胜，而劳工主义战胜，也就是庶民的胜利。

小春：据我所知，把这次大战的胜利看作民主主义战胜强权主义，在当时也有人持这种观点，可是把这次大战看作劳工主义的胜利，则是李大钊的一种新见解。

阿青： 是的。但是如上所说，这"劳工主义"是无政府主义者的常用语，它毕竟不等于社会主义，更不等于马克思主义。后来通过进一步研究，李大钊对俄国革命又有了具体和深入的了解，感到"劳工主义"这个概念没有充分表达自己的想法，于是在《新青年》已经决定发表他的《庶民的胜利》的情况下，他又为该刊写了《Bolshevism 的胜利》一文。在这篇文章中，李大钊不仅把社会主义、布尔什维主义、赤旗、世界劳工阶级同民主主义并列为战争的真正胜利者，而且指出俄国革命者的主义就是革命的社会主义；他们的党，就是革命的社会党；他们是奉德国社会主义经济学家马克思为宗主的；他们的目的，是把资本家独占利益的生产制度打破；他们的战争，是阶级战争，是全世界无产庶民对于世界资本家的战争。

最后，他充满激情地写道："由今而后，到处所见的，都是 Bolshevism 战胜的旗。到处所闻的，都是 Bolshevism 的凯歌的声。人道的警钟响了！自由的曙光现了！试看将来的环球，必是赤旗的世界！"

小春： 处处是至理名言啊！

阿青： 李大钊在这篇文章中第一次提到了马克思的名字，第一次用阶级斗争的观点来分析政治问题。这已经有浓厚的马克思主义味道了。但是这时他还没有系统地读过马克思主义著作，还无法准确地把握马克思主义的基本内容。他真正知道马克思其人并为其深深吸引，是在这之后不久，得到了日本学者河上肇在日本创办的个人杂志《社会问题研究》。

河上肇是日本京都帝国大学教授，他从1919年起开始研究马克思主义，后来成为日本著名的马克思主义理论家和革命者。《社会问题研究》从第1期起连载了河上肇写的《马克思的社会主义理论体系》一文。这篇文章引起了李大钊浓厚的兴趣。大约在1919年4、5月间，他开始用较多的时间进一步搜集资料，潜心研究马克思主义理论，下了很大功夫，写出了《我的马克思主义观》一文，系统地介绍马克思的唯物史观、阶级斗争学说和剩余价值学说。这篇文章的思想深度明显超过了同时期发表的其他文章。这意味着李大钊已经完全接受马克思主义，并公开承认自己信仰马克思主义。

小春：中国最早的马克思主义信仰者。

阿青：是的。李大钊在这篇文章中指出，马克思是社会主义经济学的鼻祖，他用“科学的论式”证明了社会主义经济组织成立的可能性和必然性，不仅明显地在个人主义经济学之外别树一帜，而且克服了他以前的偏于感情或空想的社会主义者的不足，从而使社会主义经济学成为一个“独立的系统”。将来，社会主义经济学将取代个人主义经济学，以劳动者为本位的经济学将取代以资本为本位的经济学。

小春：我拜读过李大钊先生这篇大作，相关内容还是我当年在考试卷上回答的一道大题：

第一，李大钊对马克思主义的介绍非常具体，甚至列出了利润率、剩余价值率、固定资本、可变资本相互关系的公式，这说明他对马克思主义基本理论确实做了全面深入的研究。

第二，全文洋洋两万余言，于客观介绍之外，不乏对马克思主义的赞颂仰慕之情，文章之思想性、倾向性溢于言表，这在那个时代，在中国的思想界，毫无争议，唯李大钊一人而已。

第三，李大钊的许多观点，在一百年后的今天，仍然那么新鲜，让人感到眼前一亮，心仪首肯，不忍释卷。这让我充分感受到了李大钊先生的学人风采和思想魅力。

阿青：当时有人批评说，马克思认为历史发展规律不以人的意志为转移，这是“宿命论”。对此，李大钊说：“马克思、恩格斯在《共产党宣言》中大声疾呼，檄告举世的劳工阶级，促他们联合起来，推倒资本主义，大家才知道社会主义的实现，离开人民本身，是万万做不到的，这是马克思主义一个绝大的功绩。无论赞否马氏别的学说的人，对于此点，都该首肯。”这不但是对所谓“宿命论”最有力的反驳，同时，这一观点的革命色彩在当时也是绝对的抢眼。

但是我想说的还不是这个，我更敬佩的是先生独具慧眼，能够从“宿命论”说开去，发现马克思主义理论的另一个重要作用。他说：所谓“宿命”，它可以坚定人们“对于社会主义的信仰，信他必然发生”。事实上，扪心自问：我们共产党人的信仰从何而来？不就是来自对共产主义必然实现的信念吗？

小春：把历史唯物论与共产主义信仰联系起来，这确实是李大钊先生的一大创见！

阿青：还有更精彩的。李大钊先生说：“我们主张以人道主义改造人类精神，同时以社会主义改造经济组织。不改造经济组织，单求改造人类精神，必致没有效果；不改造人类精神，单等改造经济组织，也怕不能成功。我们主张物心两面的改造，灵肉一致的改造。”先生这个思想，与我们今天倡导的“两个文明一起抓”完全一致，可见他的思想是何等超前。

李大钊这篇文章中特别有价值、有意义的一个观点是对马克思主义的科学态度。我认为这一点非常重要。事实上，在我党历史上，许多兴衰成败都与这个问题有直接关系，而且直到今天，科学态度仍然是我们必须认真面对的一个严肃问题。

小春：学长再说具体些。

阿青：先生在文章中说：“一个学说的成立，与其时代环境，有莫大的关系。……平心而论，马氏的学说，实在是一个时代的产物；在马氏时代，实在是一个最大的发见。我们现在固然不可拿这一个时代、一种环境造成的学说，去解释一切历史，或者就那样整个拿来，应用于我们生存的社会，也却不可抹煞他那时代的价值，和那特别的发见。……我们批评或采用一个人的学说，不要忘了他的时代环境和我们的时代环境。”

小春：太科学了！这说明李大钊先生在宣传介绍马克思主义之初就意识到了从中国实际出发运用马克思主义的重要性。

阿青：总而言之一句话，对待马克思主义必须抱科学态度。要信仰，但不能迷信，不能把马克思的一字一句都当作绝对真理来信奉。这是我们用血的教训换来的金科玉律。

时代，时代，永远不要忘记时代。时代造时势，时代造英雄，时代验证理论。我们只有把马克思主义放到它产生的时代，才能充分理解其价值和意义，同时也只有结合我们自己所处的时代，才能发掘其新的意义和价值。这样的马克思主义才是活的，生生不息的，具有鲜活生命力的，才能随着时代的进步而不断向前发展。否则，它就会僵化，就会失去生命力。

博士：所以说，习近平新时代中国特色社会主义思想就是新时代产生的新理论，就是马克思主义在新时代的新发展，也就是当代的马克思主义。马克思主义随着时代的发展而发展，从毛泽东思想到邓小平理论，到“三个代表”重要思想、科学发展观，尤其是习近平新时代中国特色社会主义思想，都是马克思主义创新与发展、不断充满生机与活力的表现。

小春：也是马克思主义的题中应有之义。

阿青：这个时期，李大钊先生还有一篇文章很重要。

小春：我知道，你说的一定是《再论问题与主义》。这篇文章实际是写给胡适的一封信。写作时间大约是 1919 年的 7、8 月之间，是在五峰山的韩文公祠完成的。

阿青：是的。那年 6 月初，北京地方警察厅便密令各区警署对陈独秀等人实行严密监视，李大钊也“榜上有名”。为了避免不测，他决定先把怀孕的妻子和两个孩子送回老家。于是 7 月 20 日，李大钊便带着家人乘夜车离开北京。这一次他在家乡住了一个多月，其中大部分时间是在五峰山的韩文公祠写作《我的马克思主义观》和给胡适的这封信。胡适接到信后，将其编辑在《每周评论》第 35 号上发表。

博士：胡适这个人，是新文化运动的旗手，但是他更侧重于文学革命。他反对学生从事政治运动，也不满意当时社会上流行的社会主义、无政府主义等思潮。

阿青：是的。胡适在7月20日的《每周评论》上发表了《多研究些问题，少谈些主义！》一文，把宣传社会主义和无政府主义的统统讥讽为空谈“主义”。他说，“空谈好听的‘主义’，是极容易的事”，是阿猫、阿狗、鹦鹉、留声机都做得来的；“空谈外来进口的‘主义’”，好比医生只记得许多汤头歌诀，而不去研究病人的症状，是没有用处的；另外，偏向纸上的“主义”很容易被无耻政客“假冒牌号”，利用来做害人的事。所以他“奉劝新舆论界的同志”，“多提出一些问题，少谈一些纸上的主义”。更不要高谈什么“根本解决”。

博士：呵呵，他的这些观点表面来看似有一定道理，但其实质是要不要用马克思主义来指导中国革命的问题。

小春：李大钊于是就开始了与胡适的论战。他认为，主义和问题是交相为用、并行不悖的。我们的社会运动，一方面固然要研究实际的问题，一方面也要宣传理想的主义。既然如此，那么高谈主义也就“没有什么不可”。

阿青：胡适的观点显然值得商榷。他说医生只记得汤头歌诀没有用处，但是不记得汤头歌诀你还算医生吗？

小春：所以还是李大钊先生说得对。关于“假冒牌号”的问题，先生反驳说：王麻子的刀剪得了群众的赞许，就有旺麻子等来混他的招牌。但是王麻子不能因为旺麻子等也来卖刀剪就闭了他的剪铺。关于社会主义也是一个道理，不能因为有人假冒社会主义的牌号，我们就不谈社会主义，相反，我们应该愈加大力宣传社会主义。

阿青： 关于“根本解决”，李大钊以俄国十月革命为例，指出，在沙皇政府没被推翻之前，社会组织没有改造之前，一切问题都不能解决，一经十月革命则都解决了。

博士： 胡适是从个人安危得失方面着想，李大钊是从国家民族生死存亡方面着想。

小春： 对呀，怎么能说马克思主义没有用呢？怎么能说“根本解决”是高谈阔论呢？

阿青： 李大钊的观点有理有据，使广大青年读者对马克思主义有了更深入的了解。

小春： 尤其值得注意的是，李大钊先生在这篇文章中坦诚告白：“我是喜欢谈谈布尔什维主义的。”这种态度在《新青年》《每周评论》的同人中是少有的。这表明先生此时已经公开承认自己是一个马克思主义者了。

阿青： 还有一事也很重要，这就是他组织青年学习、宣传和翻译马克思主义经典著作。1918 年，为了宣传和研究马克思主义，他曾经发起组织了一个研究马克思主义的团体。为了避免当局的注意，这个团体并不叫马克思主义研究会。因为当时“马克思”有译为“马尔格士”的，与马尔萨斯之音相近，所以他们把这个团体定名为“马尔格士学说研究会”，以便在必要时对警厅说，这个团体是研究人口论的，不是研究共产主义的。后来，在 1920 年初开始正式组织马克思学说研究会，只是未公开登报。1921 年 11 月 17 日在《北京大学日刊》上公开发布成立北京大学马克思学说研究会启事。为了不暴露身份，李大钊没有公开露面，而是以专家身份进行指导。2014 年五四青年节期间，习近平总书记到北大考察时看到这份启事感慨地说：“追根溯源，看来源头在这里。”

小春：这就是燎原之星火吧。

阿青：是的。马克思学说研究会成立后，由于得到蔡元培校长的支持，学校拨出西斋宿舍中两间宽敞的房子作为学会的活动场所。这套房子，他们都亲切地称之为“亢慕义斋”。“亢慕义”是德文音译，意思是“共产主义小室”。“亢”的中文古意是“盈、高、穷、极”之义，暗指他们理想的最高境界，故又称为“亢斋”。“亢斋”既是图书室又是翻译室，还做学会办公室。“亢斋”室内墙壁正中挂有马克思像，还有两个口号：“不破不立”“不立不破”。

小春：让我想到了利休的茶室。

博士：小春想得好，呵呵。不过利休的“待庵”很自我的，李大钊他们的“亢斋”更像是一团暴雨雷云。

阿青：今天能够读到的很多马列著作译本，就是当时李大钊等人翻译的。他们的研究室有个二四十人的翻译组，包括德、英、俄、法、日各个语种，由外语系师生组成，有一定实力。他们先后翻译过列宁全书 14 种，马克思全书 14 种，介绍社会主义的书籍 48 种。德文组先后翻译了《马克思传》《共产党宣言》《资本论》第一卷（初稿）。这些工作对于宣传马克思主义的作用非同小可。

亢慕义斋印章

博士： 小春你可以反过来推论，千利休为着他的美学信仰，也很操劳，不会像大众想象的那样优哉游哉、清闲自在。

小春： 我觉得，如果换个时代，李大钊肯定是一位思想和智慧集大成的学者。至于茶圣千利休，无论怎么样我都觉得他称得上是个战士。

阿青： 是啊，都是人类文明的启蒙者，都十分强大。

经典导读

我们对于“马克思主义”的研究，虽然极其贫弱，而自一九一八年马克思诞生百年纪念以来，各国学者研究他的兴味复活，批评介绍他的很多。我们把这些零碎的资料，稍加整理，乘本志出“马克思研究号”的机会，把他转介绍于读者，使这为世界改造原动的学说……

注：节选自《我的马克思主义观》。

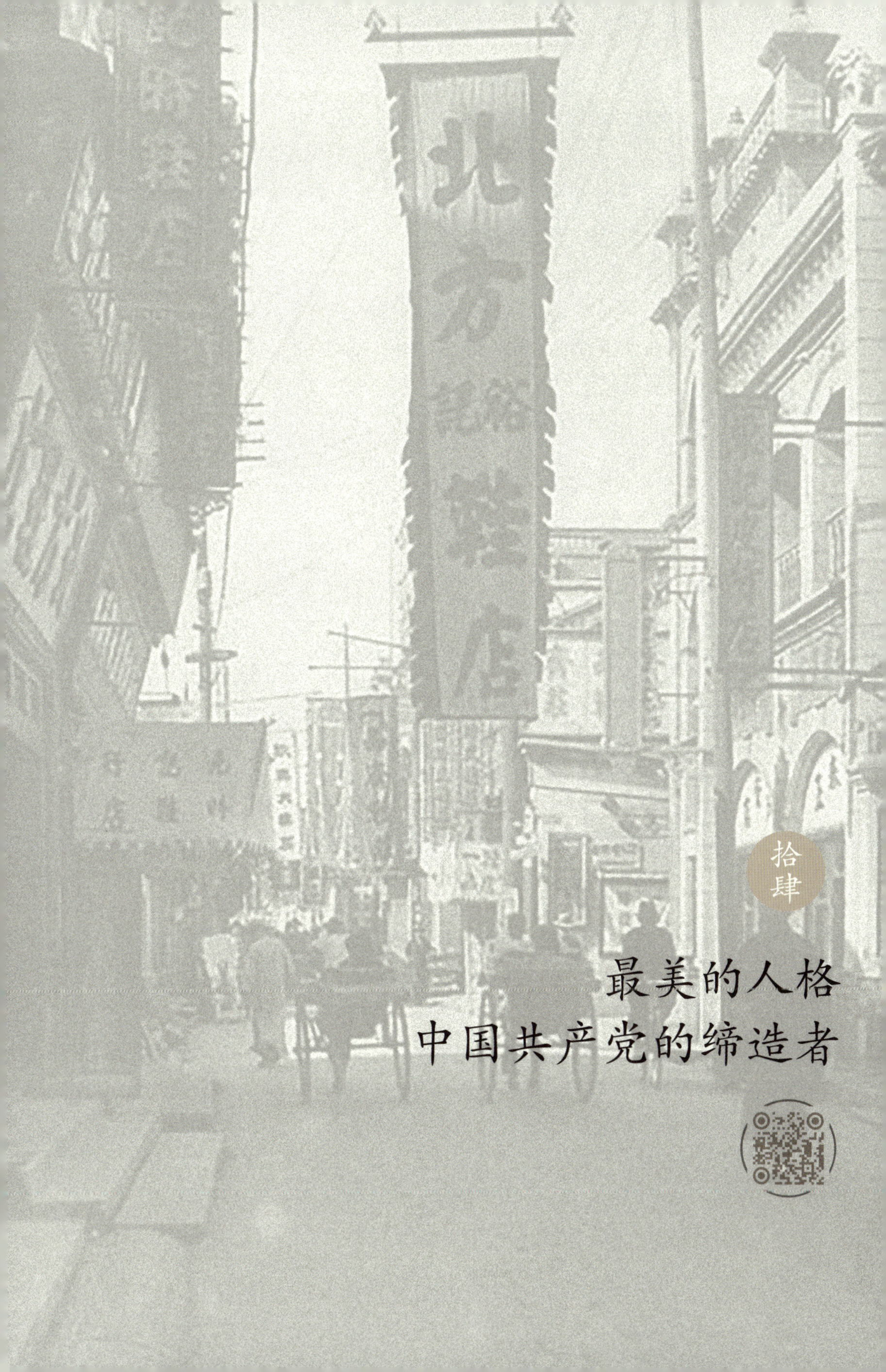

拾肆

最美的人格
中国共产党的缔造者

博士的空间里有一幅高清大图，这是人造卫星从中国领空对地球的俯瞰，也就是时下流行说法的“上帝视角”。这是在商业广告上都可以经常碰到的画面，司空见惯，没什么不寻常的地方。但是横在标题栏上面的“厚德载物”四个字，仿佛把我搁在万米高空，任由我的灵魂随着强大引力像自由落体一样坠落。我必须自己抓住某种“线索”，才能在这蔚蓝星球与古人的箴言之间，迅速定住身形。地球人都明白，这样的图片与这样的标题，“有机结合”起来实有深意。

然而博士开篇即谈古论今，仿佛那张图就不是他放上来的一样。博士如是说：

《尚书·秦誓》：“若有一介臣，断断兮，无他技，其心休休焉，其如有容焉。人之有技，若己有之；人之彦圣，其心好之，不啻若自其口出，是能容之；以能保我子孙黎民，尚亦有利哉。人之有技，媢嫉以恶之；人之彦圣，而违之俾不通，寔不能容，以不能保我子孙黎民，亦曰殆哉。”

中国古代的政治宝典《尚书》，表达了天下君主对于国之栋梁的渴望：能否有这样一个人，他顾大局、识大体、担大任，不用他有其他技能，只要心地温和仁慈，宽容大度，爱惜并培育人才，我也好把国家社稷、黎民百姓的安危都托付给他。

古往今来的君子，在人群之中的位置往往是不显著的，就像寻常人家的父亲，在儿孙眼里普普通通的，家人都爱他，却都不需要去深究为什么。往往是有人要你做文章了，或者是老爹作古了，父爱如山什么的话头儿，才被郑重其事地提起来。

少年时候看“三国”，觉得鲁肃仿佛是个可有可无的人，不精彩不闪亮，远不如当年公瑾，更何况千秋孔明。成年以后看“三国”，发现赤壁大战的关键时刻，以及后来荆州关羽与东吴的战略同盟，没他不行。他接替周瑜做大都督，竟然那样的从容不迫。吴蜀联盟的存续，没有被北方的曹魏渔翁得利，很大程度上都是子敬的功劳。

越是风云际会的时候，人就越容易头角峥嵘、逞能逞个性，否则还怎么配称风云人物呢？然而这样一来，就势必少了合作意识大局观，战略上一旦出现败笔，明星们无论平时多么耀眼，都不能妙手回天。

从古至今，纵观历史，每当风云突变山雨欲来的时刻，都有这样的人，不动如山，潜移大势。因为这样的人“看上去很普通”，若非从古今历史与传说上概览每一件事的因果，从千百万个“寻常父亲”人生之中提炼出“非凡伟大”，那就只有像崤山惨败的秦穆公一样，最珍贵的已经失去了才知道悔恨。所以成年以后，我就不再埋头于演义小说里精彩的故事，却为那关乎大势大局的经纬交点而动心不已。汉代名将赵充国的边防策略，便是建议朝廷趁秋收大量采购边境高粱，这就足以让匈奴不敢妄动。细细体会，会觉得那时候那个人，挥手之间，满天的风雷随之而动。

当我读到这里，瞥一眼地球俯瞰图，才恍然大悟。博士的“上帝视角”，是古今时间与地域空间上的由远而近，由广大到精微，一个图景，直指万物包罗万象，包纳反思。倘若没有这样的眼界心胸，又如何能够走近李大钊，如何能够理解鲁迅先生笔下的寻常，与毛泽东主席心中的念念不忘。

李大钊是中国共产党的主要创始人之一，在党的建设历史上留下了光辉的足迹。李大钊的建党功绩最少表现在以下几个方面：

一是参与建立并领导少年中国学会和北京大学马克思学说研究会，这两个社团组织在党的建设过程中都起过重要作用。二是与共产国际代表维金斯基会谈，这是共产国际代表与中国马克思主义者的首次接触，意义重大。三是大力发展中国共产党北方党组织，并深入工矿企业，发动工人罢工，领导北方工人运动。

说到建党功绩，陈独秀当然功不可没，在当时就有“南陈北李”之说，但是二人的性格、思想方法有很大不同。陈独秀个性极强，加之性格暴烈，在党内朋友不多。“八七会议”上他被撤销党的总书记职务后，一个人隐姓埋名蜗居上海，从某种意义上说，这也是性格的悲剧。

李大钊则性格温厚，平易近人，有长者之风。他身边的青年人给他起个外号，叫“老母鸡”。意思是说，他像老母鸡保护小鸡雏一样保护进步青年。他听了之后，不但不恼，还谦虚地说：“哪里，哪里。”

古语说“桃李不言，下自成蹊”，世间美好的事物，各自都有吸引人的魅力。李大钊就是这样有吸引力的人，所以党内党外的朋友，尤其是青年人，都愿意与他交往，接受其教诲。就连陈独秀那样性格刚烈的人，也将李大钊引为知己。后来，在抗日战争时期，陈独秀被释放出狱，党中央邀他去延安，他说“李大钊死了，我的儿子也死了，延安没有我知近的人了，所以不想去”。由此可见李大钊在陈独秀心目中的地位，这就是李大钊的人格魅力。

在思想方法上，陈独秀喜欢走极端，出言偏激。比如他自己就曾说过：“我只说对话和错话，不说调和的话。”事实上他也真是这样做的，比如在爱国问题上，他就说：这个国家（指中国）不可爱，大家还不如去当亡国奴算了。在中西文化关系上，他曾主张“全盘西化”，

建党初期的李大钊

说中国文化一无是处。他甚至说出“万恶孝为首，百善淫为先”这样的话，虽然是愤激之词，可是很容易让人产生误解。作为一个口无遮拦的文人，这样说当然无可厚非，甚至可能受到追捧。但作为一位党的领袖，其谈吐举止都会被当作榜样，这样说话就不合适。这类事情在他身上多有发生，肯定会影响他在党内的威信。而李大钊则是为人温厚，思维缜密，行事稳重，考虑问题周全，善于协调人际关系，实事求是，不说偏激的话。其个人品德更是无可挑剔，是北大进德会的模范会员。尤其是后来又为革命慷慨就义，所以总的来说，李大钊作为党的主要创始人之一，其功绩、其威望堪称高山仰止。

第十四次对话

阿青：博士您好！

博士：阿青好！

阿青：您空间里面关于“厚德载物”的图文，真可谓图文并茂、妙笔生辉。仔细回味，更觉得心上温润熨帖，有种说不出的愉悦。

博士：那是因为阿青是“文艺青年”，总是从美学角度看待事物，在你阅读之初，先就喜悦起来。

小春：问候两位！听你们这一说，还真是这样的感觉，这样的阅读和交流，学知识又快乐！

博士：问候小春！文字好比食材，食材精才有味美佳肴。

阿青：小春好！我曾经听闻长辈有言，演练太极拳的时候，人会自发地快乐起来。这与阅读的快乐，或许有相同之处吧。

博士：打拳的快乐，是做对了才有的。其实不光是打拳，即便是走路、阅读，都是可以关注呼吸的。你仔细听那些好电影的旁白，都是配合着人的呼吸节律的。比如有些影视片后面的风光介绍，让听者的心一下就柔软起来，这不仅是因为女性的声音柔婉，还因为她对语调和节奏的掌控，通过对你的呼吸的配合，对呼吸节律造成影响，间接地影响你的心情。

小春：我记得鲁迅先生还特别地说起过李大钊的口音，人们特别容易信赖他，是不是也有关系呀？

阿青：呵呵，是我把话题扯远了。当然，小春说的也有道理。

博士：“走近”李大钊，我们的情感和心跳呼吸，都会有所变化吧。孔子说：“贤贤易色。”易色，就是变化表情，把原来为别事生成的表情收起来，换成对贤人的敬和爱。

阿青：是的。记得博士也曾说过，读者得让自己成为“健全”的人，才能更容易理解李大钊。

博士：嗯。可以说，早期党的领袖当中，李大钊的朋友最多，人缘最好。他所做的工作，有一些是我们所知的，还有一些是我们不知的。有时候不在于他做了些什么，而是他的存在所起到的作用。

阿青：是的。创建中国共产党是“众人拾柴火焰高”，各地的共产主义小组都出了力，做了工作。比如上海的陈独秀，湖南的毛泽东，旅欧的周恩来，都是当时的佼佼者。李大钊主要是以北京大学为基地开展工作。

小春：那就从北京大学说起。

阿青：北大的两个社团组织对于建党至关重要，一个是少年中国学会，另一个是马克思学说研究会。1918 年，经过改革的北京大学已经成为新文化运动的中心和发源地。在陈独秀、胡适、钱玄同、刘半农等新派人物的影响下，青

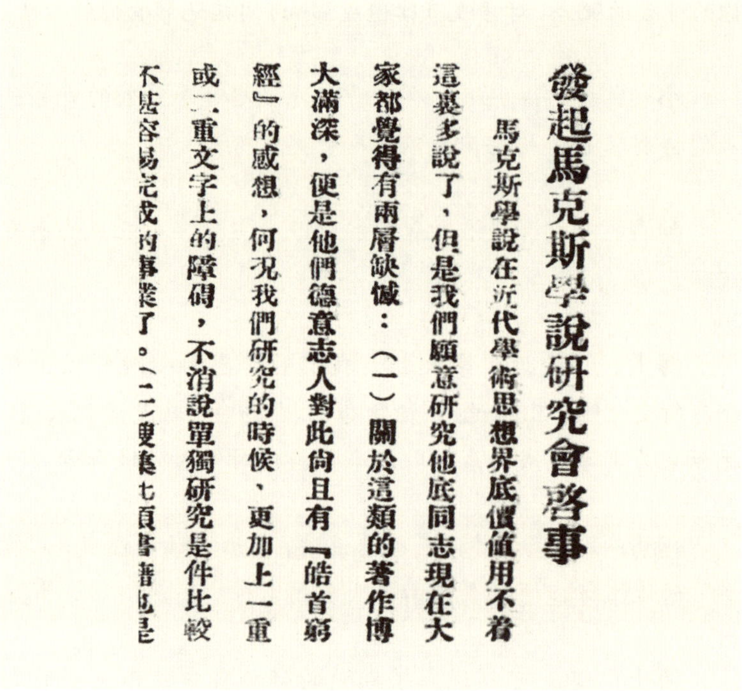

發起馬克斯學說研究會啓事

馬克斯學說在近代學術思想界底價值用不着這裏多說了，但是我們願意研究他底同志現在大家都覺得有兩層缺憾：（一）關於這類的著作博大精深，便是他們德意志人對此尚且有『皓首窮經』的感想，何況我們研究的時候、更加上一重或二重文字上的障碍，不消說單獨研究是件比較不甚容易完成的事業了。（二）

发起马克思主义学说研究会启事

年学生的思想十分活跃。少年中国学会、国民杂志社、新潮社等社团组织先后成立。其中最值得一谈的是少年中国学会，因为它与建党工作有直接关系。这是个学术性的政治团体，定名为少年中国学会，显然是受了梁启超《少年中国说》的影响。该学会于 1918 年 6 月筹建，1919 年 7 月 1 日正式成立。李大钊和王光祈是这个学会的发起人。学会出版了《少年中国》月刊，李大钊任主编。直到 1924 年，他一直是这个学会的领导成员。会员最多时达到 108 人。学会倡导以下信条：“奋斗、实践、坚忍、简朴”。这是对会友提出的道德要求。凡是有宗教信仰的人、纳妾的人、做官的人均不能成为会员，即使已经做了会员，出现上述情况，也要清退出会。北大校长蔡元培曾评价说："现在各种集会中，我觉得最有希望的是少年中国学会。因为它的言论，它的行动，都质实得很，没有一点浮动与夸张的态度。"这个评价还是很中肯的。当时，中国最激进的青年才俊都聚集在少年中国学会。毛泽东就是1918年10月由李大钊介绍入会的。此外还有邓中夏、恽代英、蔡和森、李达、张闻天、赵世炎等人，他们后来都成了响当当的共产党员。

博士： 少年中国学会曾对青年毛泽东产生过重大影响，所以他情系一生，念念不忘。

阿青： 大约1918年末，李大钊在北京大学组织了一个马克思学说研究会，这个学会一开始是秘密的。中共"一大"后，陈独秀来信，提出迅速发展的方针。北方区委经过多次讨论研究，决心让马克思学说研究会公开活动。大家认为，第一步要在北大校内取得合法地位。于是，他们拟定了学会的发起启事，经蔡元培校长同意，1921年11月17日，启事在《北大日刊》刊出，全校为之震惊。次日即有人报名，除北大同学外，还有北京国立八校和其他学校同学闻讯前来报名参加。外地甚至有通信报名入会的。后来李大钊他们向蔡校长提出，希望能在校长办公室举行成立大会，并邀请他出席，蔡校长都一一答应了。

小春： 这真不容易。

博士： 常言说"谋事在人"，其实这句话还可以这样理解：一件事情的进程、成败，有时候与参与者有直接关系。譬如说马克思学说研究会，蔡元培能给予那么大的支持，应该与李大钊有关，他是相信李大钊做事一定有道理。

阿青： 后来成立大会于 1921 年 12 月在第二院会议厅举行。到会会员 60 多人，蔡元培和李大钊都讲了话，还一起合影留念。会后，研究会成员陆续增加到 110 人左右，到 1922 年夏季有 150 多人，1923 年增至 300 人左右，其中工人会员占百分之二十，还有少数民族会员。

马克思学说研究会在北方区的建党工作中发挥过很大作用。除了组织翻译马克思主义著作外，还深入铁路矿山等产业工人集中的地区进行调查访问，开办工人业余补习学校，传授革命道理。马克思学说研究会会员，成为后来北方建党、建团的基本成员。1921 年北大以马克思学说研究会为基础，成立了一个党支部，这是北方第一个党支部，这个支部以北大学生为主，包括北大印刷厂的工人党员。与此同时，成立了共青团北京大学支部。以后，在北京八校的马克思学说研究会的基础上，先后成立了一些党、团支部，随着工人运动的发展，分布各地的马克思学说研究会会员都成为当地的党团骨干。

小春： 北大是中国共产党的发祥地。

阿青： 大学不单是教育单位和科研单位，而且还负有崇高的社会责任和历史使命，这是一个大学的灵魂。

小春： 当时除了北大之外，还有哪些社团比较突出呢？

阿青： 天津有个觉悟社，李大钊特意去看过，觉得很好，也给他留下很深印象。那是 1919 年 9 月 21 日，李大钊应天津市学生联合会的邀请，到天津讲演。这次讲演会就是觉悟社发起和组织的。会后，他提出要到觉悟社同社员们见见面。当时，觉悟社刚成立不久，只有一间十一二平米的活动室。

带头人是周恩来。在李大钊眼里，这是一位精明强干、奋发有为的青年。当时在场的还有一位最小的女生，叫邓文淑，后来改名叫邓颖超，那年才十六岁，英姿飒爽，落落大方。她向李大钊介绍了觉悟社成立的经过和宗旨，并表示要向北大学生学习。李大钊称赞他们是男女平等、社交公开的先行者，大家很受鼓舞。

小春： 我看过一篇回忆文章，说那天李大钊衣着朴素，穿一件蓝长衫，外罩一件黑色马褂，和他们十几个人拥在一间小房子里，像一家人一样亲切地交谈。李大钊和蔼可亲，虚怀若谷，有长者风度，讲话时总是用勉励的语气给大家鼓劲儿，所以给他们留下深刻印象。

阿青： 下午四点钟，周恩来送李大钊到天津新站，乘火车回北京。后来，周恩来和邓颖超成了革命伴侣，可见觉悟社在党的创建过程中也起过重要作用。周恩来和邓颖超读了李大钊的文章后，对俄国十月革命有了新的认识，对列宁、李大钊有一种崇敬的心理，于是有一次他们写传单竟然署名“李宁二”。

小春： 这是什么意思？

阿青： 意思是说，李大钊是姓李的列宁第二。

小春： 呵呵，那个时代的年轻人，思想活跃，激情澎湃，真好。

阿青： 这期间李大钊还做了一项工作，很是重要，那就是接待共产国际代表维金斯基。维金斯基来华时，苏维埃正处于国际帝国主义封锁包围之中，面临着国内外许多新问题，急需到东方寻求盟友。于是1920年3月，第三国际派维金斯基携妻子库兹涅佐娃和翻译杨明斋等来华。维金斯基四十多岁，文质彬彬，学者风度，有丰富的工作经验，当时是共产国际远东局局长，是共产国际派往中国的第一位正式代表。他来中国的目的是联络有共产主义倾向的代表人物，建立中国共产党。第一站到北京，经北大外文系的俄籍教员柏伟烈介绍找到李大钊。

小春： 因为李大钊在《新青年》杂志上公开宣传马克思主义，赞扬十月革命，可谓声名远播。

阿青： 维金斯基与李大钊谈得很融洽。他从不以共产国际的代表自居，对李大钊很尊重，态度谦逊，热情友好。李大钊向他详细介绍了中国马克思主义者的情况，他听了之后，对李大钊和陈独秀评价很高。之后，维金斯基提出要会见参加过五四运动、新文化运动和接近马克思主义的一些青年学生，于是李大钊找了几个人在北大图书馆举行了一个小型座谈会。会上，维金斯基介绍了俄国十月革命的经过和当时苏联的政策以及列宁提出的电气化宏伟规划等，同时也如实介绍了当时苏联遭遇到的种种困难。这样的座谈会后来又开了几次，使李大钊等人对十月革命和苏联有了更具体的了解，耳目为之一新。在一次座谈会上，李大钊说："我们这些人只是几颗革命种子，今后要努力耕耘，辛勤工作，将来一定会开花结果。"维金斯基离开北京时，李大钊写了封亲笔信，介绍他到上海会见陈独秀。临行时，他对李大钊说："我们谈话很有意义，不是老生常谈，不久的将来会以事实证明的。"并连称"此行成功，后会有期"。

小春： 中国共产党的好多事都是从李大钊开始的。

阿青：是的。维金斯基拿着李大钊的信到上海找到陈独秀。这时陈独秀正盼着共产国际能派代表对中国革命加以指导，所以二人相见甚欢，并详细商讨了建党的有关事宜。当时党究竟叫什么名字，还没有确定，陈独秀写信征求李大钊的意见。李大钊和张申府研究，决定就叫“中国共产党”。后来维金斯基又面见了孙中山。孙中山能够提出新三民主义和三大政策，并改组国民党，实行国共合作，与维金斯基的工作是分不开的。可惜后来共产国际代表频繁更换，有的人颐指气使、瞎指挥，跟陈独秀的关系也搞得很紧张。

小春：学长说说中国共产党成立大会是怎么召开的吧！最好再详细解释一下为什么“南陈北李”都没有参加。

阿青：1921 年要放暑假的时候，李大钊接到上海方面的通知，要他们派人去参加会议。大概是为了保密，也没说是召开党的成立大会，所以大家对会议的性质并不了解。当时北方小组成员大多在西城区辟才胡同一个补习学校兼课，于是就在那里召开了一次小组会议，推选赴上海开会的人员。当时李大钊正忙于主持北京八校教师索薪斗争，原来的索薪会主席马叙伦受伤住院，大家推举李大钊代理主席。这是关系到千百个教师吃饭的大事，必须全力以赴。再加上为了领导工人运动，李大钊还要经常往返于长辛店、南口之间，实在是分身无术。当时恰好张国焘因事已在上海，刘仁静在南京参加少年中国学会的一个会议，会后到上海也很方便，于是他们便推选张国焘、刘仁静二人出席上海会议。情况就是这样。

小春：那陈独秀为什么不参加呢？

阿青：当时陈独秀在广东政府担任教育厅长，为了争取教育经费脱不开身，不过他派包惠僧作为他的私人代表参加了会议。陈独秀虽然没出席大会，但由于他在宣传社会主义方面的影响和威望，以及他作为党的主要创始人所做的贡献，大会仍选举他担任中央局书记。

小春： 李大钊和陈独秀都没参加会议，那这次大会是谁组织的啊？

阿青： 事情是这样的：维金斯基 1921 年 1 月回国后，汇报了中国的情况，共产国际认为建立统一的中国共产党的条件已经成熟，于是便在 1921 年 6 月派马林来到上海，建议召开党的全国代表大会，正式成立中国共产党。上海党的早期组织便在李达的主持下积极筹备召开党的全国代表大会。大会预定在 1921 年 6 月 20 日召开，会场就设在李达家，结果各地代表直到 7 月 23 日才全部到齐。

小春： 怎么延期一个多月？真是不可思议。现在乘高铁从北京到上海只需五个半小时，一天可以到达全国任何地方。

阿青： 这就是一百年间中国变化的一个缩影啊！“一大”以后，成立了中国共产党北方区委，同时江浙、鄂区、湘区、粤区也相继成立区委。李大钊负责主持北方区委工作。1921 年 11 月，陈独秀以中央局书记名义向全党各区发出通知，强调建党工作和开展工人运动，事前又在上海召开了工作会议，确定全党将主要力量用于开展工人运动，并建立了中国劳动组合书记部和各地区分部。北方区委从 1921 年下半年起，在北方地区和主要铁路、矿山筹建产业工会，制定开展罢工斗争的工作规划，前后举行了陇海铁路大罢工、长辛店大罢工、开滦五矿大罢工、二七大罢工等大小斗争百余次。在这些斗争中，建立了各级工会，吸收了大量工人成分的党、团员，建立了许多基层党团支部。初期北方各地的建党活动，都是由北大马克思学说研究会的同学组织的，并受北方区委的直接领导。建党初期北方区委的工作大体就是这样。

小春： 有一个题外话我想请教学长。毛泽东参加了党的第一次代表大会，这个大家都知道。可是最近我在网上看到有人说，毛泽东当时还不是共产党员，而是个青年团员，理由是他在湖南大力发展青年团组织，这是真的吗？

阿青： 无稽之谈。说这种话的人根本不了解党史，更不了解团的历史。青年团最早的组织，是 1920 年 8 月 22 日俞秀松受陈独秀的委托主持成立的上海社会主义青年团，简称 SY，俞秀松任书记。青年团成立之初，共产主义者不管年龄大小，都要参加进去，所以连陈独秀、李达都参加了。俞秀松还主持制定了社会主义青年团章程，这个章程分寄给各地的共产主义者，要求各地建团。1921 年 3 月，在上海成立了中国社会主义青年团临时中央执行委员会，俞秀松任临时书记。这就是当时的情况。连陈独秀都是青年团员，毛泽东不仅是青年团员，而且在 1920 年就受陈独秀委托建立长沙党的早期组织，所以毛泽东 1920 年就入党了。

小春： 这回我明白了。

阿青： 后来俞秀松奉命赴苏联出席共产国际召开的有关会议，青年团的工作一度陷于停顿。中国共产党成立后，中央局委派施存统着手恢复青年团的工作，并于 1922 年 5 月 5 日在广州召开了中国社会主义青年团第一次全国代表大会，湖南的代表是刘少奇、易礼容，北京的代表是邓中夏，蔡和森也参加了会议。大会选举俞秀松、蔡和森、张太雷等为团中央委员，施存统当选为团中央书记。所以严格来讲，施存统才是团中央的第一任书记。

小春：我入团这么多年，还不知第一任书记是谁呢，今天学长给我补团课啦。

阿青：我再说一个人你肯定听说过，他就是施存统的儿子施光南。

小春：他是深受人们喜爱的音乐家，他作曲的《祝酒歌》《吐鲁番的葡萄熟了》《月光下的凤尾竹》《在希望的田野上》等优秀歌曲现在还广为传唱。我还有一个问题想请教博士，不知当讲不当讲。

博士：小春有何问题，但说无妨。

小春：我注意到之前阿青说到的您引用的《尚书·秦誓》，古人的这段话有什么背景吗？那上面说的“一介臣”又是说的谁呢？

博士：小春问得好。有一个古代史的大事件，是这件事情的背景。公元前627年，秦穆公三十三年，秦国千里行军，打算偷袭郑国，事情败露之后，返程的秦军在崤山遭遇晋国主力的伏击，三万大秦健儿抛尸山野，孟明视、西乞术、白乙丙三位明星级的将帅被俘。这就是历史上有名的“秦晋崤之战”。当初穆公没有听从百里奚、蹇叔等贤臣的谏言，春秋霸主的战车将大秦国运带入危机边缘。秦穆公对此很是悔恨，在一次重要的会议上发表了这段讲话。秦穆公是在付出惨重代价之后，意识到自己的过错，决意痛改前非。《尚书》收录他的发言稿，是让后世的君主引以为戒。

阿青：李大钊具备《秦誓》珍重再三的百里奚、蹇叔那样的人格与才干。他的思想、气场对青年，对中国共产党，对整个中华民族，都是旗帜和榜样。

博士：所以说，当我们以为走近了一个人，或者已经调查了解了一件事，实际上我们未必就看到了事物的全貌。有时候拉开距离，扩大视角，也不是为了集齐标准答案，而是为了让人若有所思，不让思索探寻的过程就此终止。

小春：明白了，多谢博士！

阿青：谢谢博士！

经典导读

军中党代表制度，本是无产阶级十月革命的产物。要有这样组织严密具有无上权威的党，才可以说以党治军，以党治国……

注：节选自《切实改进与做好西北军中的政治工作——致刘伯坚》。

拾伍

社会活动家
国共合作与苏联之行

博士《厚德载物》的下篇，交代了几个细节——关键时间点上的人物故事：

当秦国大军千里奔袭将近郑国边境的时候，远途贩运的郑国商人玄高发现了秦军偷袭郑国的企图。机警的玄高立刻做出判断，然后假借郑国使臣的名义犒赏秦军，同时派人飞速回国报信。秦军将领以为自己的阴谋被郑国察觉，对手已经有所防范，也是当机立断，让大军原路撤退。睡梦中的郑国，原本灭顶的危机，悄然化为有惊无险。

而当时的秦国，如玄高一样的智者大有人在，甚至还有十个玄高加在一起也比不过的，他就是百里奚，人送外号“五羊皮”大夫。当年秦穆公正是求贤若渴，大臣蹇叔向穆公推荐身在楚国的逃亡奴隶百里奚。秦晋崤之战结束以后，百里奚被晋国当作例行国事的礼物送给了秦国，走到楚国百里奚就逃跑了。穆公立刻就问蹇叔：“此人跟你比怎么样？”蹇叔说：“胜过我十倍还不止呢。”

穆公一听马上就急了：“那还不赶紧派人花重金到楚国赎人？”蹇叔说：“倘若咱们动作太大，被楚国晋国发觉异样，百里奚就有生命危险了。”穆公一听，也对呀，那可怎么办呢？蹇叔说：“就按照一名普通奴隶五张羊皮的价格，走常规手续，让楚国送人即可。”这就是蹇叔的智慧。

被押送入秦的途中，百里奚对推囚车的兵丁说：“哎呀，你看为了我的事儿，这还得麻烦几位大哥辛苦推车，走这么远的路，我呢无以为谢，刚才编了个歌曲，大家跟我一起唱唱凑个乐吧。”几个兵丁觉得也是哈，这漫漫长途无聊得很，唱支歌儿多有趣呀！然后大家就唱了起来，边走边唱，边唱边走，步调一致，越走越快，就这么顺顺利利地过了秦国边关。刚一过关，后面楚国追兵就到了，他们可是一路奔跑而来，却还是慢了一步。谁能想到，这几个兵丁推着个大活人，走这么快！这就是百里奚的智慧，他对自己的价值、秦国赎他的原因、楚国来追的必然，都做了精准判断，然后就是一路高歌猛进。

《秦誓》中不是说了吗：“邦之杌陧，曰由一人；邦之荣怀，亦尚一人之庆。”后来秦穆公没有听从自家智囊的忠言，结果被敌国的智者“截和（hú）”了，一手好牌打稀烂。

世间事往往如此，有时候一个人对天下的时局有着决定性的影响。而有时候，天下的时局，又能轻而易举地影响一个人的命运。当事者在承受天崩地裂，旁观者只觉得悄然无声。历史不能假设，也不能重来，但是可以总结。

我们需要让大脑的活动正常运转，任何事情都不是终止的理由。这也是古体诗词的思维方式——留出余地余味，留下不尽之思。这不是为了阅读的快感，而是设置继续思考的程序，在我们的意识深处。古人因为功课有要求，所以在这方面付出的努力比现代人多。

这也正是我把地球俯瞰图贴出来的原因，也是我的目的，让阿青、让小春能够借此发挥各自的智慧，能够若有所思，助我印证某些思考，这也是我的莫大收获。

博士的文字，始终如此，读来让人心情豁然。

“一篇读罢头飞雪。”毛泽东主席当年的《贺新郎》这样表达了读史的感受。在浩瀚如无垠星空的历史资料之中，如何摆脱繁杂理出头绪，何尝不是我们的使命。

不比较，就无法设身处地。我们所要学习的榜样，也并非到李大钊就为止了，李大钊正是为我们点亮了一盏灯，为我们照亮整个中华民族的历史。而我们也要让自己的思想发光，融入山河岁月，贡献于后世。古今同观，肝胆相照。

早期的中国共产党，就是这样的一团灯火，闪耀在神州大地那个灿烂的时刻。那时的党还只是一个社会组织，还在努力探求生存发展的机会和道路。当时的条件下，很难断定什么样的选择才是最正确的，大家都在摸索，大家都很勇敢。李大钊就是走在这群勇士最前排的人。

从维金斯基来北大拜访的情景就不难看出，以当时国际上对中国共产党的了解，他会认为李大钊是当然的领袖。谁都知道，暴露就会有危险，而李大钊却没有回避。

第一次国共合作在中国共产党历史上是一个很特殊的时期。说它特殊，是因为这时中国共产党两手空空，一开始只有一百多名党员。能够与有着几十年历史、有地盘、有人、有枪、有公认领袖的国民党达成合作，同时又不放弃自己的思想信仰和政治追求，这意味着新生政党争取到了强有力的支持。历史无法假设，纵然此后国共之间的残酷斗争可以预见，中国共产党要图存要壮大，这次国共合作就是必由之路。

李大钊是第一次国共合作的积极推动者，并在国共两党中间起了重要的沟通作用。可以这样说，如果没有李大钊高超的协调能力和政治家的视野与胸怀，是很难冲破重重阻力促成国共合作这盘大棋的。那么，历史为什么会选择李大钊来完成这千载难逢的使命呢？这与李大钊的地位、名望、性格、素养有直接关系。国共合作的沟通与谈判，是高层领导人之间的事，它需要参与者有足够的社会地位和社会关系、足够的政治经验，有洞察人心的智慧，有高超的协调能力，有令人佩服的学识水平和人格魅力，有循循善诱的耐心和与人为善的情怀。这样的人到哪里去找？别处也找不到，只有李大钊能够胜任。李大钊此前 34 年的苦读、学养、修为、磨砺、交游似乎都为了完成党的这一重要任务，为了掀起中国民主革命的新高潮而厚积薄发、一飞冲天。

当时的情况是，陈独秀作为中共的主要负责人，不可能也不宜以全部精力去从事这项工作，他的暴烈性格也确实不适合做这项工作。中共其他的领导人大多很年轻，没有资历，无法与国民党人进行对等谈判，只有李大钊是担当这一任务的最佳人选。他不仅有丰富的学识、

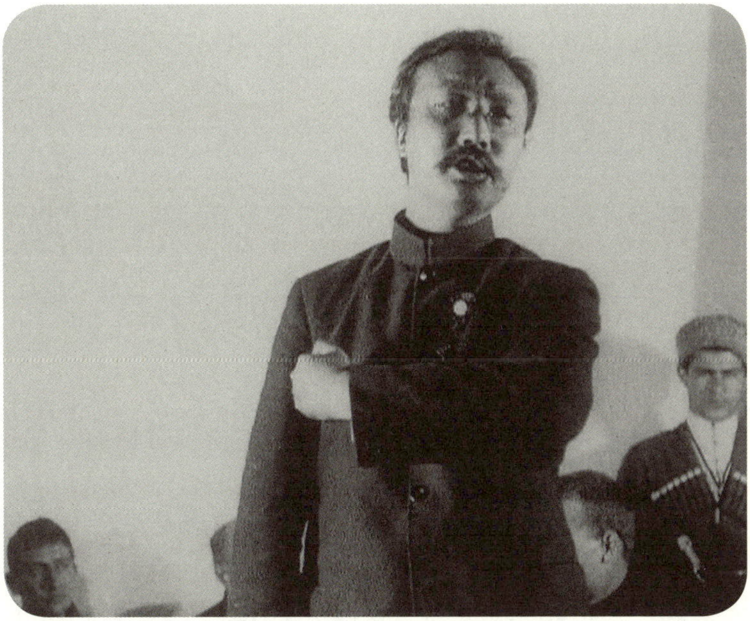

在苏联莫斯科大剧院演讲时的李大钊

较高的社会地位，而且他的一些同乡、故旧、同学、好友，或与孙中山关系密切，或在国民党内有较高的地位或有较大的影响。据说马林与孙中山1921年的初次会见，都是李大钊通过好友林伯渠安排的。所以，对于中国共产党来说，国共合作的“操盘手”非李莫属。

第十五次对话

阿青：博士您好！

博士：阿青好。

阿青：有一个话题我很纠结，不知道放在哪个题目里讲合适。

博士：是什么话题？

阿青：就是上世纪20年代的国共合作。因为很重要，所以都是绕不开的话题。

博士：可以结合中共建党来谈。

阿青：结合着谈？难道是起初就注定要合作的吗？

博士：因为从中共建党到国共合作，这是共产国际在中国打出的一套组合拳，本来就有密切联系。中国共产党建立之初，只有50多名党员。在四亿人口的中国，一个50多名成员的新党，是很难有所作为的。而当时的国民党，如果加上它的前身，已经是一个有多年革命历史的全国性大党，在中国的政治舞台上有举足轻重的发言权。再说孙中山因屡遭挫折，思想上陷于苦闷，共产党这一新兴的革命力量让他看到了希望。在经过与维金斯基会谈后，孙中山开始倾向联俄联共，所以共产国际认为，促成国共合作是推动中国革命迅速发展、在东方打击帝国主义势力、为苏联分解压力的一步好棋。而从中国共产党这方面来说，1921 年建党好比刚刚破土而出的一棵新芽，需要国共合作使之得到成长，扩大队伍和在全国的政治影响力。虽然还不能说它已经完全成熟，但是毕竟成了中国政坛上一支充满希望的政治力量。

阿青：听博士一席话，顿开茅塞。

博士：国共合作的事说来话长了，涉及国共合作的理论基础、国共合作的具体原因、国共合作在党内外遇到的阻力，以及国共合作的教训和意义等很多方面。国共合作的理论基础是，1920 年 7、8 月间共产国际第二次代表大会上列宁提出的《关于民族和殖民地问题的提纲初稿》。在这个文件中，列宁提出这样一个思想：帝国主义时代已经把世界分成了压迫民族和被压迫民族两部分。当殖民地半殖民地国家的资产阶级民主运动暨民族解放运动具有反对帝国主义的革命性时，共产党人便应当支持这一运动。

阿青：是的。实际上这就是国共合作的理论根据。

博士：为了贯彻这一思想，1922 年共产国际在莫斯科召开了有远东各国共产党和民族革命团体参加的代表大会。中国共产党和国民党都派代表出席了会议。会议期间，列宁抱病接见了中共代表张国焘和国民党代表张秋白，询问了国共合作的可能性。这说明国共合作已经在列宁那里挂了号，当然也代表了共产国际的态度。

阿青：那么，国共合作有何具体原因呢？

博士：这要分三个方面来说。第一，也是最重要的，是共产国际的态度，实际上就是苏俄的态度。当时俄国的苏维埃政权刚建立不久，内战未平，又受到帝国主义的围攻，他们急需到东方寻找盟友以分担压力。

阿青：但是在中国，共产党的力量还很弱小，只有国民党已经成了气候，如果大力支持，可以很快掀起一个反对帝国主义的浪潮，这对苏俄是很好的呼应。所以他们就积极推进以国民党为主体的国共合作，让中共党员加入国民党。是不是这个意思？

博士：基本如此。同时还应该从互利的角度加以考虑。苏联把中共当国际形势布局的棋子，中共也把他们当生存与影响力的“大旗”。在那个时候，这面大旗非常重要。它对于提升中国共产党人的胜利信心、树立革命信仰具有不可替代的作用。

从国民党方面来说，国共合作也是其合理的选择。1922 年 6 月，军阀陈炯明炮轰总统府，孙中山避难永丰舰，后转赴上海，处境十分艰难，急需得到帮助。恰在此时，共产国际提出国共合作的建议，并答应给他援助，后来也真兑现了。黄埔军校的武器弹药就是苏俄援助的。其实早在 1920 年秋，李大钊介绍维金斯基去上海见陈独秀，当年 9 月 30 日，再经陈独秀介绍，维金斯基在上海会见了孙中山。这是孙中山第一次会见共产国际代表，当时他就提出建议，希望苏俄政府能够支援中国革命。维金斯基则代表苏维埃政府当场表态，全力支持中国革命。

阿青：这次会谈实际就是国共合作的先声。

博士：另外，中国共产党领导的工人运动的磅礴力量也使孙中山对共产党刮目相看，于是才下决心实行国共合作。再说，孙中山也明白，苏俄的援助是中国共产党引荐的，对此他是心里有数的。

小春：那么我们党的愿望呢？

博士：从我们党来说，当时力量很弱小，虽然掀起了工人运动的高潮，也取得了一些胜利，但是距实现党的社会革命目标还很遥远。尤其是1923年的京汉铁路大罢工遭到军阀吴佩孚的血腥镇压，制造了震惊中外的“二七惨案”，使我党更进一步认识到，没有强有力的同盟者，要战胜强大的敌人是不可能的，所以国共合作实际是两党的共同愿望。

小春：既然如此，为什么在党内外还会有阻力呢？

博士：大概是因为此事太复杂，隐含的矛盾甚至风险太多，所以容易使人产生不同看法，发生意见分歧，甚至出现阻力。

阿青：所谓当局者迷，我们是纵观历史，横看竖看，容易辨别得失利害。

小春：都有哪些分歧和阻力呢？

博士：党内的分歧主要体现在杭州会议上。这是专门讨论国共合作的党内特别会议，时间是1922年8月下旬。

提出召开这次会议的是共产国际代表马林。他下车伊始就说，1922 年 7 月中共“二大”通过的关于建立民主联合战线的决议案是一个空中楼阁，因为“二大”的方案是实行“党外合作”，而孙中山根本不同意党外合作，所以必须召开一次中央特别会议来解决这个问题。但是在来之前，他未与中国共产党沟通就自作主张提出了一个“党内合作”的方案，即共产党员、青年团员以个人身份加入国民党，把国民党改造成为各革命阶级的联盟。

阿青：是的，这个提案得到了共产国际的赞同。

小春：所以他是带着共产国际的指示来的。

博士：参加杭州会议的有“二大”选出的 5 名中央执行委员中的 4 名，即陈独秀、张国焘、蔡和森、高君宇，此外还有李大钊、张太雷和马林，一共 7 人。马林是会议的主角，他在发言中说：“共产党员加入国民党既可以谋革命势力的团结，又可以使国民党革命化；尤其可以影响国民党所领导的大量工人群众，将他们从国民党手中夺取过来。”

但是马林这个主张遭到了与会多数人的反对。张国焘和蔡和森的反对态度尤为激烈，甚至请共产国际重新考虑方案，实际就是拒绝。

陈独秀也反对马林的主张，而且发言甚多。他认为国民党主要是一个资产阶级的政党，一个共产党员加入国民党以后，会引起许多复杂而不易解决的问题，其结果将有害于革命者内部的团结。但是他表态说，如果这是共产国际不可改变的决定，我们应当服从。不过他又提出条件，要求孙中山必须改变其在日本创建中华革命党时采用的打手模和宣誓效忠他本人的做法，否则，即使是共产国际的命令，他也坚决反对。

与会的4位中央委员中有3位明确表示反对意见，马林的处境很尴尬。他把求援的目光投向李大钊，李大钊经过慎重思考，讲了以下意见：

首先，对张国焘等人的反对意见和陈独秀提出的条件表示同情和理解，但同时指出，国民党是一个松散的组织，比如无政府主义者加入国民党多年，依然进行无政府主义的宣传，并没受到任何约束。国民党党员中，抱有不同政见而单独从事政治活动的例子也不少。如此看来，共产党员加入国民党，同样也不会受到严格约束。另外，实现联合战线是共产国际的指示，不能轻易否定，同时，国共合作对于我党的发展也是有利的。

阿青：此事做起来固然会遇到很多困难，但是相比之下，这个办法是易于行得通的。

博士：所以李大钊认为，中共少数领导人有条件地加入国民党，这样既坚持了“二大”的既定政策，同时也可避免与共产国际发生争执，可谓两全其美。后来他们都同意了他的意见。1923年6月12日中国共产党在广州召开第三次全国代表大会，做出了国共合作的决定。这次李大钊专程南下，参加了大会，并当选为中共中央执行委员。

阿青：李大钊先生真是做思想工作的高手，能够举重若轻地化解矛盾，打破僵局。

小春：那么，国民党方面有什么阻力呢？

博士：国民党方面阻力也不少。首先，孙中山虽然愿意同中国共产党合作，但是他不同意采取党外合作的方式。若采取党内合作的方式，他又坚持非打手模、宣誓对他效忠不可。马林与他反复争论，他都不为所动。为了做孙中山的工作，杭州会议之后，李大钊特意到上海同孙中山会谈。两个人虽然年龄相差 23 岁，但是李大钊以前发表的文章孙中山大都看过，因此在心里已经非常认可。在会谈中，李大钊的许多看法孙中山都表示赞成。孙中山讲起自己的“建国方略”一连几个小时不停，甚至忘记了吃饭时间。最后，竟乘兴亲自主盟，介绍李大钊加入国民党，也不提打手模和宣誓效忠了。

阿青：这是李大钊的人格魅力打动了孙中山先生。

博士：正所谓谋事在人。国民党内的阻力集中表现于中国国民党第一次全国代表大会上。那是 1924 年 1 月下旬，关于国共合作问题成了会议争论的焦点。会上，有国民党右派代表提出，党章中应当明文规定“本党党员不得加入其他政党”。这显然是针对共产党人说的。意思是，你共产党员既然加入了国民党，就应该退出共产党。面对这个挑战，李大钊代表中国共产党发言，他开诚布公地说：在半殖民地的中国，要想摆脱帝国主义和军阀的二重压迫，非依靠全体国民的力量进行国民革命不可，而要想取得国民革命的成功，“非有一个统一而普遍的国民革命党不可”。国民党是目前国内唯一“有历史、有主义、有领袖的革命党”，是唯一“能负解放民族、恢复民权、奠定民生的重任”的政党，所以中国共产党人才毅然加入国民党，以便在孙中山先生的领导之下，在国民党整齐的纪律之下，加强统一的革命力量。他郑重声明：

“我等之加入本党，是为有所贡献于本党，以贡献于国民革命的事业而来的，断乎不是为取巧讨便宜，借国民党的名义做共产党的运动而来的。”关于跨党问题，李大钊解释说，中国共产党是第三国际的支部，不能把一个世界组织纳入国民党内，所以共产党人可以以个人名义加入国民党，但不能因此脱离国际组织。如果中国共产党脱离了国际组织，对于国民党来说，“恐有莫大的损失”。他这意思是说，中共是国民党与共产国际之间的联络者，如果我们脱离了共产国际，共产国际还能给你们援助吗？最后李大钊明确表态：中共既为有利于国民党而来，也可以为有利于国民党而去。

小春：李大钊先生这个发言真是据理力争，既坦率真诚，又不失思辨与智慧，让国民党右派无话可说。

博士：李大钊发言之后，会场情势立刻逆转，国民党右派的提案被彻底否决。于是大会通过了新的党章，改组了国民党，选举了有共产党员参加的新一届中国国民党中央执行委员会，其中包括李大钊、毛泽东、谭平山、林祖涵、瞿秋白等。大会重新解释了三民主义，提出了“联俄、联共、扶助农工”的三大政策。国民党“一大”标志着国共合作正式建立。会后，全国大部分地区以共产党员和国民党左派为骨干改组或建立了各级国民党党部。它加速了中国革命的进程，掀起了轰轰烈烈的大革命。

阿青：李大钊先生有挽狂澜于既倒的力量。

小春：可是，国共合作最终还是破裂了。现在有人说，既然国共合作难免破裂，破裂后共产党员又惨遭屠杀，这说明国共合作隐含着巨大风险，是个错误的决定。博士怎么看？

博士：我不同意这种看法。这涉及如何评价国共合作的意义。首先，国共合作是共产国际的指示，当时中国共产党是共产国际的一个支部，在许多问题上没有自主选择的余地，所以势在必行。

小春：为什么一定要听共产国际的呢？我们自己干不行吗？

博士：这个真不行。陈独秀一开始和你想的一样，也主张靠自己的力量干革命。后来他第三次被捕入狱，残酷的现实让他明白了一个现实而深刻的道理，那就是中国革命的成功靠自己单干是不行的。从这以后，他对共产国际的态度就变了，不再说自己干了。

阿青：还涉及一个重要原因就是经费问题。

博士：是的。当时党没有任何经费来源，就靠党员交党费维持。北方党的工作，甚至要靠李大钊的工资。有时花得太多，家里都快揭不开锅了。后来蔡元培校长特意通知学校会计室，每月开工资时扣下 50 块大洋，由李大钊的妻子领取，以此保证他家里的生活开支。上海有人提出应该给党员提供一些活动费，陈独秀不同意，说：干革命怎么能挣钱呢？周佛海据说就是因为老婆反对交党费，不给他钱，所以退党了。当然他退党也不全是因为这个。总之，当时中国共产党是两手空空，只有百十个人，如果没有共产国际的支持，是很难开展工作的。

其次，抛开共产国际的指示不说，单从国内的情况来看，国共合作也是必要的，有价值的，有意义的。事实证明，国共合作确实使共产党迅速壮大，成为有全国影响的大党。至于说风险，干革命哪能没有风险，如果前怕狼后怕虎就什么事情也干不成了。

阿青：这是“明知山有虎，偏向虎山行”。

小春：对！干革命就要有这种一往无前的精神。“虽千万人吾往矣！”

阿青：仔细想想，真是这个道理。所谓“失败乃成功之母”，的确是一句充满智慧的名言。表面看，如果没有国共合作，就不会有后来蒋介石对共产党的迫害。但是也正因为遭受迫害，才有中国共产党的绝地反击，才有南昌起义、广州起义、秋收起义、湘南暴动，才有“枪杆子里面出政权”的真知灼见，才有工农武装割据，才有苏维埃政权。所以说，共产党人的牺牲不仅仅是换来了教训，也换来了成功，换来了胜利，这就叫“不经天磨非好汉”。

阿青：李大钊在国共合作方面，都做了哪些不为人知的幕后工作呢？

博士：因为许多工作当时都是秘密的，当事人不说，别人很难知情。根据史料，冯玉祥 1926 年 9 月 17 日在五原誓师，率领西北军出潼关参加北伐战争，此事就与李大钊有关。李大钊 1925 年 5 月即赴张家口与冯玉祥会谈，并派共产党员帮他加强军队的政治工作。后来，冯玉祥兵败下野去苏联考察期间，李大钊又请于右任专程赴苏督促冯玉祥回国策应北伐，这才有后来的五原誓师。还有一件事也与李大钊有关。北伐战争中，革命军到达武汉时，李大钊给阎锡山写过一封长信，劝他参加北伐。后来阎锡山的所作所为说明这封信起了作用。

阿青：是的。往往在一些关键的时候，都是李大钊在发挥着作用，他的影响力，也是促成他苏联之行的原因。

博士：那是1924年的事。这年5月，为躲避北洋政府逮捕，李大钊避居五峰山。6月，接到中共中央派他出席共产国际第五次代表大会的通知。代表团共5人，李大钊是首席代表。他秘密回到北京，与其他代表会合后，乘车经哈尔滨、满洲里到苏联。会议的主要内容是讨论资本主义进入局部的、相对的、暂时的稳定时期后各国共产党面临的任务。李大钊为中共代表团起草了给大会的报告。9月22日，他参加了“不许干涉中国”协会在莫斯科大剧院举行的盛大集会，并在热烈的掌声中登台发表演说。后来又到处参观，看到苏联人民的美好生活，增进了他对社会主义的向往，更加坚定了他的革命信念。

1924年10月，冯玉祥发动北京政变，囚禁了直系首领曹锟，提出欢迎孙中山北上“解决国是”。李大钊接到中共中央指示，于11月回国。

阿青：按照博士说的思维方式，我聆听这段历史的同时默想每个事件，把它们当作信息模块，然后发现李大钊的影响就像模块之间的磁力，改变了很多事情发生发展的趋势。李大钊先生实在是了不起。

博士：是的，要知道，那时候他才三十七八岁，没有钱财和军队在手，能说服共产国际，说服孙中山，所凭据的就是信仰，就是厚重的品德和过人的智慧。

小春：是的。所以在历史的天空，他是恒星一样的存在。

经典导读

一个社会主义者，为使他的主义在世界上发生一些影响，必须要研究怎么可以把他的理想尽量应用于环绕着他的实境。我们只要把这个那个的主义，拿来作工具，用以为实际的运动，他会因时、因所、因事的性质情形生一种适应环境的变化。

注：选自李大钊《再论问题与主义》（1919 年 8 月）。

拾陆

舍生取义
永恒的伟大与光荣

读史使人明智，也使人感伤。相信所有阅读李大钊生平事迹的人，眼看着所有的故事都在接近他生命的尽头，必是像我一样，含着热泪不忍卒读。我正是抱着这样的心绪，静静地在博士的这段文字间徘徊悲叹，不知所归。

10 月 29 日，繁荣昌盛的共和国之秋，北京西郊的香山，万安公墓内，轻霜悄逝，薄雾渐开。层叠起伏的枫树，在微风皎日之中，润泽而又鲜洁，散发着澄澈的芬芳。这里长眠着毛泽东“真正的老师”、中国共产党的缔造者之一李大钊烈士。

李大钊烈士陵园落成于 1988 年 10 月 29 日，这个特殊的日子正是他的生辰。每年都有许许多多来自全国各地的人，在这一天为李大钊扫墓，瞻拜凭吊，到纪念馆参观学习。

黑色大理石纪念碑上，正面镌刻着邓小平 1983 年 4 月 1 日的亲笔题词：“共产主义运动的先驱　伟大的马克思主义者李大钊烈士永垂不朽”。背面是两千多字的碑文，记述了李大钊光荣伟大的一生，概括了他辉煌不朽的功绩。碑文由胡乔木同志起草，以中共中央名义发表。这是新中国成立以来绝无仅有的规格。

李大钊同志不仅是为共产主义事业英勇战斗的先驱者，也是优秀传统文化与新时代新思想完美结合的楷模。共产主义无私奉献的高尚道德，与中华民族温柔敦厚的传统美德，在他的身上完成了和谐并存，形成了巨大的人格魅力，因此他受到社会各阶层的广泛尊崇，名重当世。

任中共北方区书记时的李大钊

李大钊为了坚持他信仰的主义，凡事走在前面，在二十几名就义者中，他第一个走上刑场慷慨赴死，这在当时是轰动全国的大事件。李大钊的牺牲是中国共产党和中华民族无可弥补的巨大损失。巨星陨落，山河变色；云凄海咽，痛悼斯人。每一次历史的回放，都让人无法接受那悲壮的一幕。

事情要从“三一八惨案”说起。

1926 年 3 月 18 日由李大钊主持、国共两党共同参与领导，在北京天安门前举行了一场群众性抗议活动。游行群众在铁狮子胡同临时执政府门前遭到事先埋伏的卫队开枪镇压，造成当场死亡 47 人、伤 200 多人的惨剧，史称“三一八惨案”。事情的起因是，1926 年 3 月 12 日，冯玉祥的国民军在与奉系军阀作战时，日本军舰掩护奉军军舰驶进天津大沽口，炮击国民军，国民军在死伤十余人后奋起还击，将日舰驱逐出大沽口。

事后日本竟联合英美等 8 个《辛丑条约》关系国公使，于 1926 年 3 月 16 日向段祺瑞政府发出最后通牒，要求撤除大沽口国防设施，因此引起中国民众的上述抗议活动。李大钊也参加了游行，北京大学被打散的队伍直到深夜才慢慢回校聚集起来。师生们没见到李大钊，很是担心。李汉俊说，他看见李大钊被人挤倒在路边的水沟里，两只手的皮都刮掉了，鲜血直流。

次日，段祺瑞政府发布了逮捕李大钊等人的通缉令。据说在召开国务会议时，有个官员拿着名单说："看这个名字就可恶，李大剑！大剑，准是共产党！"

1926 年 3 月下旬，李大钊关闭了党的领导机关，与他的妻子和两个女儿搬进了东交民巷苏联大使馆西院的一个旧兵营内，这里相对比较安全。

没想到 4 月份出了一件大事，国民军包围国务院，推翻了段祺瑞政府，电请吴佩孚入京"主持一切"，可是遭到吴佩孚的拒绝。国民军独木难支，不得不撤出北京。几天后，奉军和直鲁联军开进北京，中国北方又成了张作霖的天下。在这种情况下，继续待在北京已经很危险，中共中央也准备调李大钊去武汉，但李大钊认为北方的工作仍很重要，坚持留了下来。

李大钊在苏联使馆内住了一年多，这期间他的主要精力投入配合广东国民政府的北伐，继续从事对非奉、直两系军队的统战工作，主要目标是冯玉祥和阎锡山，劝他们参加北伐，并收到了显著效果，加速了奉、直两系军阀的灭亡。

1927 年 4 月，奉系军阀控制下的北京当局经过长时间侦察，发现了李大钊等人的行踪。6 日上午，全副武装的军警 300 余人包围了苏联大使馆。李大钊不慌不忙地从抽屉里取出一支闪亮的小手枪，领着女儿来到一间僻静的小屋。可是小屋很快就被军警包围。就这样，李大钊与妻子、两个女儿，连同滞留在北京地区的国共两党工作人员及苏方人员共60余人一同被捕。此后22天，李大钊在警察厅的看守所里度过了他一生最后的时光。

李大钊被捕后，表现出了一位共产党人大无畏的英勇气概。据当时报纸披露，他“态度甚从容，毫不惊慌”，“俨然一共产党领袖之气概”，“精神甚为焕发，态度极为镇静，自称为马克思学说崇信者，对于其他之一切行为，则谓概不知晓”。他“在狱中二十余日，绝不提家事”。当他在审讯处最后一次见到自己的妻子、女儿时，只静静地看了看她们，没有说一句话。对此，他的女儿有些不解。但是我们能够理解，他这既是英雄情怀，同时也是对妻儿的保护，免得敌人利用儿女情长来折磨他们。

李大钊的这种大无畏精神，来自他对马克思主义真理的信仰和对革命必然胜利的信心，同时也来自他对生命意义的感悟。他曾在一篇文章中说：“人生的目的，在发展自己的生命，可是也有为发展生命必须牺牲生命的时候。因为平凡的发展，有时不如壮烈的牺牲足以延长生命的音响和光华。绝美的风景，多在奇险的山川。绝壮的音乐，多是悲凉的韵调。高尚的生活，常在壮烈的牺牲中。”

他是这样说的，也是这样做的。他确实在壮烈的牺牲中成就了他的高尚与伟大，他生命的音响与光华也因此长留人间。

他唯一惦记的是与他同时被捕的革命青年，并不惜为他们向当局求情。他在《狱中自述》中说：“钊自束发受书，即矢志努力于民族解放之事业，实践其所信，励行其所知，为功为罪，所不暇计。今既被逮，惟有直言。倘因此而重获罪戾，则钊实当负其全责。惟望当局对于此等爱国青年宽大处理，不事株连，则钊感且不尽矣！”

李大钊就义前的遗照

李大钊被捕后，北京大学等九所国立大学和若干私立学校的校长两次讨论营救李大钊的办法，并派代表谒见张学良，请求将李大钊交法庭依法审讯。同时，北洋政府政治讨论委员会推举梁士诒、杨度两人为代表，约同司法总长罗文干一同往见张作霖，请求将李大钊一案移交法庭审判，“依法处理，以彰公允”。

可是与此同时，各路军阀却大多主张杀害李大钊。

据《顺天时报》报道，张作霖曾为如何处置李大钊一事电询张宗昌、韩麟春、孙传芳、吴俊升、张作相、阎锡山、吴佩孚七人。复电结果是："五电严办、一电法办、阎无复电。"其中"狗肉将军"张宗昌在复电中甚至说："赤党祸根"，"巨魁不除，北京终久危险"，"今既获赤党首要人物而不置诸法，何以激励士心"。于是，张作霖最后下决心杀害李大钊。

第十六次对话

小春：一个伟大的政治家、思想家、社会活动家，一位光照千古的革命领袖，最后却死于这些胸无点墨的反动军阀之手，这不仅是近代中国政治史上的悲剧，同时也是我们民族的耻辱。

阿青：杀害李大钊的不仅是这些军阀，还有站在他们身后的国际帝国主义势力。

小春：嗯。另外有人评论这段历史，认为李大钊选择留在北京不走，是个错误的决定。

博士：这样的评论是不客观的。要说李大钊决策有误，也是错在他过高地估量了军阀们的人格人性。

阿青：是的。根据外交协议，当时东交民巷外国使馆区本来是不准中国人持枪进入的，中国军人如进去，得先把枪交出来。那么为什么张作霖的军警能进去抓人呢？因为当时东交民巷公使团的代表是荷兰公使，而这厮完全听从英国大使的支配。他们编造的理由是，俄国不在《辛丑条约》签字国之列，所以外交使团无法制止此次行动。英国的目的在于通过逮捕李大钊，打击苏联，使苏联处于难堪境地。张作霖因为得到了公使团的允许，所以才有胆量犯下这桩弥天大罪。

博士：如果再深入一步分析，张作霖对苏联也是切齿痛恨的，因为有传言说苏联曾指示李大钊在东北搞活动，意图推翻张作霖的统治。此事不管真假，张作霖都不会掉以轻心，所以才对李大钊痛下杀手。

阿青：张作霖在北京不属于合法政府，他与苏联也没有正式外交关系，所以即使抓人杀人，也不惧怕引起外交争端。

博士：4 月 28 日上午 11 时，由安国军总司令部、京畿卫戍总司令部、京师高等审判所、京师警察厅组成的特别法庭对李大钊等人进行“军法会审”。据在场的人描述，李大钊穿着一件灰色旧棉袍，头发长而且乱，稍微遮住一部分脸。样子和平常差不多，还是那样沉着平静，只是没戴眼镜，脸比从前消瘦了。

阿青：李大钊等 20 人被当庭判处绞刑，下午 2 时即在西交民巷京师看守所院内行刑。李大钊第一个登上绞刑台，他从容镇静，面不改色，临刑前还做了最后一次简短的、慷慨激昂大义凛然的演说。他说，不能因为你们绞死了我，就绞死了共产主义！我们已经培养了很多同志，如同红花的种子，撒遍各地！我们深信，共产主义在世界、在中国必然取得光荣的胜利！

小春：此时李大钊尚不满38周岁。用现在的标准看，还是一个青年。

博士：而他牺牲得壮烈，就义得从容，都使得他生命的音响和光华，如闪电般刺向黑暗。

阿青：是的。李大钊壮烈牺牲的消息很快轰动了整个北京城，到他家里来吊唁的人终日不断，很多人都泣不成声。当局为了迷惑人心，在报上宣传说，他们已为死者装殓，一般的每人给一口四十元的棺材，唯独对李大钊格外“优待”，给一口七十元的棺材。李大钊妻子听后，气愤地说：“这些牲口！人都叫他们给害了，还假惺惺地给棺材！谁要他们的棺材！我们不要，我们自己买！”朋友们支持她的意见，发起募捐活动，很快就把钱筹够了。棺材铺的老板听说要给李大钊买棺材，为了表示敬意和同情，特意挑选了一口上好的柏木棺材打折出售。

博士：要知道当时还是建党之初，共产党的影响力不同于后来的革命根据地时期。即便如此，市民还是站出来表达对共产党、对李大钊的同情，而且当局的做法暴露了他们内心的“理亏”。

阿青：李大钊的灵柩一直停在宣武门外的浙寺，直到1933年4月下旬才在北平西郊香山附近的万安公墓安葬。出殡那天，灵前陈列了不少朋友们和共产党方面送来的花圈、挽联。送葬的人很多，排了长长的队伍。当队伍行进到西单辟才胡同附近时，突然行列中有人喊口号，挥动小纸旗，警察就来制止，驱逐殴打。

博士：在老北平市民的记忆中，死人出殡遭警察殴打，还是头一回遇到。

阿青：走到石老娘胡同东口大街上时，在行列后面出现一辆小板车。车上载着一块刻有不少文字的石碑，碑额上刻有交叉着镰刀和斧头的鲜红党徽，显然是共产党所为。问赶车的，他也说不清楚，可是这样的石碑是无法通过西直门的。后来只好将石碑翻过来，字面朝下，又在碑上堆些衣服和杂物，到西直门时，再坐上人。好不容易混出城外，到了墓地，大家商量如何处置这块碑，在墓前竖起来是万不可能的，因为将来会连李大钊的坟墓和骸骨都不保。最后大家决定：照六朝墓志的办法，将碑埋在墓内。

博士：是的，因此保存下来，这块墓碑也就成了重要的史料。

小春：我从电视节目中看到墓碑重见天日的一幕，真是感慨万千。

博士：好多时候，我们的心情都是复杂多样的吧。感怀所逝足以让人流泪，大业有成足以让英灵得到告慰，这就是人世间的悲欢吧。你看李大钊先生就义那张照片，刽子手曾三次吊起李大钊，以求李大钊“悔过”，但先生意志坚定，初心不移。照片本是刽子手想用来登报羞辱李大钊，没想到拍出了先生大义凛然、信仰坚定的精神画像而光照千秋。

阿青：陈毅元帅在悼念李大钊的诗中说：“先驱好肝胆，松柏耐岁寒。”舍生取义，是革命先驱的本色，也是共产党人的追求，崇高与荣耀，无过于此。

博士：“锦绣江山，铭记勇者。”你看天安门前的纪念碑，英雄的毅魂，已经在祖国的山海之间得到了永生，他们已经化作天地间浩然正气，化作最勇猛、最矫捷、最昂扬的身影，活在这个民族的意识深处，引领我们，披荆斩棘，砥砺前行！

李大钊被捕后备受敌人的酷刑及威逼、利诱，但他在监狱中和法庭上始终大义凛然、英勇不屈，并写出近 3000 字的《狱中自述》

经典导读

钊自束发受书，即矢志努力于民族解放之事业，实践其所信，励行其所知，为功为罪，所不暇计。今既被逮，惟有直言。倘因此而重获罪戾，则钊实当负其全责。惟望当局对于此等爱国青年宽大处理，不事株连，则钊感且不尽矣！

注：节选自《狱中自述》。

拾柒

怀纯真纯诚之志
做顶天立地之人

当我们怀着崇敬之心解读李大钊烈士生平的时候，还惊讶地发现了一个耐人深思的现象。20 世纪初的中国新民主主义先驱们，他们猛烈地抨击“旧文化”的犀利武器，以及他们在人群之中一呼百应的感召力，竟然是旧文化的熔炉铸造而成的。他们都接受过以应试为目的的私塾启蒙教育，“子曰诗云”“四书五经”贯穿了这些伟大人物少年学习生活的始终。从现代心理科学上说，他们的人生观、价值观、道德品质，基本上都是在这个阶段形成的。

古人说，“人能弘道，非道弘人”。诚然，不仅马克思主义成就了李大钊、毛泽东等革命先驱人格的伟大与崇高，而且李大钊、毛泽东等革命先驱将马克思主义在中国发扬光大。由此我们震惊于这些伟人的博学多才和睿智，对他们的赫奕文章与辉煌功业深深叹服，并且情不自禁地思索他们非凡品德与智慧的成因，结果我们的思绪重又落在了传统文化上面。

习近平总书记说：“古诗文经典已融入中华民族的血脉，成了我们的基因。”“中华优秀传统文化是中华民族的精神命脉，是涵养社会主义核心价值观的重要源泉，也是我们在世界文化激荡中站稳脚跟的坚实根基。要结合新的时代条件传承和弘扬中华优秀传统文化，传承和弘扬中华美学精神。”这意味着，传统文化的地位提升到了新中国成立以来前所未有的高度。

中华民族优秀传统文化，是中国特色社会主义的基础之一。继承和弘扬，因此也是每一位中国人的光荣使命，也是每一位共产党员的义务和责任。

在博士的空间里有一篇关于《大学》的读书心得，往圣先贤们的格物修身，与我所仰慕的李大钊烈士的美德和智慧，竟如此契合，这是一条简便易行的伟大心灵的养成之路。

《大学》是《礼记》中的一篇，问世于我国历史上百家争鸣、文化璀璨的春秋战国时代，作者是孔子的弟子曾子。《礼记》是古代用于治国理政、提升执政者智能的经典，而《大学》《中庸》等篇目就更是其中的纲领，从汉代到清代都被统治者奉为执政圭臬、修身秘钥。古代中华文化的正统是儒学，儒学的核心在“四书”，“四书”的首篇就是《大学》，其地位崇高，天下普及，贯穿中国封建时代经久不衰。从王阳明到曾文正，以及李大钊、毛泽东、周恩来为代表的党政领导人，他们能够建立盖世功勋，成就伟大事业，文采风流，都与《大学》的启蒙筑基息息相关。可以说，《大学》正是儒学的打开方式。

高中时候学习古文，接触过《大学》里面的部分章节，老师的讲解，即便只是从汉语言的角度，偏重了古文的词义语法，然而《大学》正文里的章句，尤其那些国、民、天下之类的宏大概念，以及格物、致知之中所深藏的精微奥义，都足以在我的脑海中浪花翻涌，久久轰鸣。

本科汉语言文学专业的课程本身便有研读国学经典的要求。时至今日，作为儒家经典的“四书”，我已经反复读了几遍，尤其《大学》一篇，虽然不敢说是精读或者研究，至少可以当得“仔细”二字。逐渐年长之后，对《大学》的理解，也就不再是高中、本科级别的了，那些如雷贯耳的宏大概念，在我经历了生活、工作历练，获得较比从前更多的知识能力之后，就变得更加清晰，更加亲切，更加耐人寻味。

就像书法艺术注重笔法、间架、布局一样，古代的经典文献，同样是在表达思想的前提下，讲究辞色、立意、谋篇。

这都是为了避开歧义以求至善至美，达成最大的感召力量。就像赏析古典诗词一样，你了解的相关典故越多，越能体会作者遣词造句的美妙超绝。

我的阅读经验之一：满怀真情

不论儿童还是成年，每个人的内心，都有一个理想化的自我形象。这个自我形象的构建蓝图，就是自幼听来的故事。每个民族都有感人的关于英雄豪杰的传说，故事里面有善恶有是非，人的好恶，情感的倾向，乃至信仰的确立，都与此相关。

读书如待人。古语云："君子亲而敬之，小人敬而远之。"读书亦然，丑恶思想，垃圾文字，就要"非礼勿视"，不让它污染我们的眼睛。圣贤的言论，高尚者的事迹，就要心怀敬爱、真诚对待。譬如对待父母、祖国、信仰，人们的感情往往是无条件的，不夹带批判意识的，然而也绝非盲目糊涂，这是因为真诚。

圣贤的言辞，经典文献，都是在正常的生活状态里，从正面获得的知识和思想，首先就与人的欢喜、敬仰之心合节合拍。最信任的人，最郑重的叮咛，正是心和心的相呼相应。除非是逆反心理作怪，至善至美、崇高伟大的事物，本就是最容易被人接受的。

常言说，兴趣是最好的老师。同理，越是你喜欢的人你就越乐于关注，越容易理解，越容易成为知心、知音、知己。这都是有真情做桥路的缘故吧。若无认同，哪有相知。读古人的书，进而认知作者的心，然后将心比心，获得文字之外的信息，异代智者间的印证，亦是如此。

读到“大学之道”四个字，视角就要为之高远起来，胸襟就要为之朗阔起来，气血就要为之炽热起来，这就是人类做抉择时候的主动力——感情的力量。

读一本书之前，多了解作者，认同之后，就要像对待远方来朋一样，满怀深情地与之相处，与作者的心跳、呼吸同频同步，像作者那样看待事物。这就是感受，经由五感达成的接受。

热爱我们心目中的导师，热爱我们崇敬的作者，热爱我们所崇尚的真理，这就是读书认知之前，开启大门的钥匙。否则你看到的思想知识，或许不是它的本真。

我的阅读经验之二：反复求诚

“真诚”二字同时出现的时候，似乎说的是一个意思。说完“真”再说“诚”的时候，不仔细掂量一番，就很难求出两者的不同了。“真”是本然、本该的样子，“诚”是做到“真”的办法。如果说“真”是固定物体的钉子，那么“诚”就是敲击它的锤子，是实打实的。

孟子的“三省吾身”，开启了后世儒者的内省法门。“三省”就是儒家求诚的功夫。公正地扪心自问，穷究以维护公正，“诚”贯穿了一切言行的始终。

我们表示喜欢一个人或者一件事物，我们确实喜欢吗？确实如我们对人说的那般程度吗？我们对自己的情感负责了吗？谁能推问自己的内心就像一场严密的诉讼呢？“大学之道”四个字，如同水渠中的四个坑洼，倘若身心不肯真正地壮大起来，不能为此端身易色热血澎湃，智慧必将在这里停滞不前，即便关注后文，像是仔细看，实际上都是疏离虚假的了。

诚，是“初心”的提醒机制，我们既要设置一个目标，还要时时记住这个目标，还要确保最合理地对待它。不诚则初心归零，守诚则天下可行。你看，人心就像烛火，始终在摇动，始终保持着一个方向，没有固定不变的最佳状态，永远都在追求之中。因此我们阅读的时候，需要精神抖擞，需要全神贯注，守住诚意，贯彻始终。

诚是不骗自己，不诚者不肯进一步追究自己的本心。因此在真理面前，有的人视而不见，有的人鼠目寸光，有的人雄视古今。

我的阅读经验之三：设身处地

读书人可以把自己当作导演、演员，当作故事里的真实的主角。角度各异，看到的事物的样貌也会有所不同。女儿幼年的时候，我曾经蹲下身在她的高度观赏花草树木。我惊讶地发现，呈现在我眼前的几乎是另一番景致。由此就不难想到，倘若与儿童探讨风光，成年人如果不蹲下身来，势必会出现答非所问的情况。

跨越遥远的时空距离，去理解古人的本意，必须了解历史背景，把情境还原，以同理之心，解读作者内心的声音。

领会《大学》的三纲领八条目，需要读者尽力把自己调整到儒家定义的“君子”频率上，编导、演绎这个君子角色，以无限趋近的相同性质，达成相互的理解与认知。

设想我们是最好的父母，设想处在古代残酷的环境下，嘱咐即将闯荡社会的爱子，我们要说些什么呢？不偏不倚，无过无不及，又有含金量，又不至于造成误导，我们该说些什么呢？保持这个心态，再去阅读《大学》《中庸》《论语》《孟子》，是不是更容易理解他们的话语了呢？那就是“仁者的叮咛”。

因此读《大学》，还需要了解曾子的时代，他的师承，他的处境，以及史上有迹可循的此前此后的验证。不必事无巨细全知道，但是不可以一点儿都不知道。就好比看一个人射箭，不了解靶心所在，如何能够判断他的水平呢。

我的阅读经验之四：检索分析

网络时代，人手一机，“碎片化阅读”成了很多人阅读的特色。然而这样的阅读，了解一般化的资讯还可以，但是无法用于了解人心、探求物理、洞明世事。

作为读书人，手边或者电脑收藏夹里，必须有一本词典，时常备用，便于检索。

《大学》开篇中“止于至善”的“止”是最容易有争议的。词典上最为相关的“止”字的定义有两种：

其一是“停住，中断进程”。例句如《广韵》：“止，停也，息也。”《吕氏春秋》：“亦可以止矣。”

其二是“居住、栖居、栖息”。例句如《大学》篇章里自带两个例句：“邦畿千里，惟民所止。”“缗蛮黄鸟，止于丘隅。”

如果不加检索，没看到这么多的外延词义，就容易被“艺无止境”这个多见词语带偏了思路，因为我就遇到几次，有人把这两个词语里面的“止”字含混着理解。这样含混的结果，就容易对“止于至善”做出“不再进取”的解说。

汉字创始于象形会意指事形声，每个字都可以拍一段有声有色的视频，从每个字的源头看它的演变，对比参照，就能圈定作者的用意。

在广阔的国土上，百姓定居下来，一定是不再有或者减少了战争杀戮，时段上足以通过农耕维持生活。文中又用黄鸟的择木而栖、繁衍生息，透露生命的喜悦之感。

终于找到这里，力争有所作为吧！所以“止于至善”的“止”字，可以让我们探查到“让某样事物更美好”的寓意。至善，是疆域，是高度，是新的起点。

我的阅读经验之五：知行并重

大学之道，从“治国平天下”一路贯穿到“格物致知”，需要读和解的地方不多，几乎步步都是动手动心的操作。“古之欲明明德于天下者，先治其国。欲治其国者，先齐其家。欲齐其家者，先修其身。欲修其身者，先正其心。欲正其心者，先诚其意。欲诚其意者，先致其知。致知在格物。”《大学》的这一段，都是关乎知行的学问，知与行的关系在这里最为紧密。

古代儒家学者几乎都有一套修身炼气的法门。颜回的心斋坐忘，苏东坡、王阳明的打坐调息，几乎成了他们的日课，都是做足了克己的功夫。

读书之事，如果只求学问，不及其他，那么最多也是增长学问、积累常识而已，不足以变化性情升华生命。倘若仅仅耽于阅读之乐，难免养成夸夸其谈的毛病，对于修身明德，反而有害无益了。这也是好多人认为《大学》这样备受古圣贤推崇的经典文献大而无用的一个原因。这就像武功秘籍一样，假冒伪劣固然有害，得到真经光说不练也是枉然。

所谓大学，学者的衣食住行，气息神情，乐趣梦想，都需要入得门来，勤修苦炼，而后方可达成安定天下万众敬仰的大成境界。

毛泽东思想理论中，包含了很多质朴透彻的国学精髓。而古人的知行说，实际上就是辩证唯物主义思想体系里面理论与实践的关系。实践不仅是真理的检验者，也是真理的忠实奉行者。当时代需要判定真理的时候，实践是检验者。当时代需要探索与实践的时候，真理就是引导者。所以熟读“四书”的人，再读毛泽东的文章，就会惊叹伟人博大精深的思想，以及修养身心形成的巍峨气象。

《大学》这样的文字，就好比人类心脑使用说明书，它的妙用不是读出来的，而是做出来的。而要做得妥当，也必须读得准确。就像我们解读春天，必须动用全部的身心，才能获得更多的信息。

阅读经典本该如此，不能求快，不必求多，字字句句，概念与定义，内涵与外延，要处处解得透，处处通得过，正所谓盈科而后进。

第十七次对话

阿青：博士好！

博士：阿青好！

小春：问候博士，问候学长！读了博士的这篇关于《大学》的文章，我都不知道该怎么说话了。

博士：小春好！想怎么说就怎么说嘛，我也很想听听你和阿青的看法。

阿青：我大概明白小春的意思，就是“不知道该怎么说”。

小春：是的，我正读着，刚想提问，却发现答案就在前后文；刚觉得明白了，却又看到了更深层的表达。我心里明白，其实是不该着急问问题的，而是应该反反复复仔细读，体会传统文化的魅力。

阿青：但是又怕错过了向博士请教的机会，是不是啊？

博士：哦，原来如此。那么我也可以由此推断，两位的阅读是极其认真的。

小春：博士又给出了一个概念：“认真阅读”。

阿青：小春的认真，让人感动呢。“认真阅读”四个字对于读书人而言，最为司空见惯，几乎是从幼儿园至今，耳朵都磨起茧子了。

小春：但是又有几人仔细想过，什么是“认真阅读”呢？就像天空中往返的麻雀，又有几人会稍微留意呢？

阿青：是的，所谓认真阅读，就是一个字都不放过，都要经历一个“博学审问慎思明辨”的过程。可是我在高中时候不懂这个道理，就像语文老师讲评我的作文，最后让我“拿回去再锤炼锤炼”，我当时就傻了，怎么锤炼呢？虚荣心作着怪呢，当着全班上下，又不敢问。

小春： 我也遇到过这样的情况，我没有虚荣心，我是怕老师回答不上来，当着全班上下。

博士： 阅读就是这样的。尤其阅读经典，更需要动用五感，激活全部经验，精神抖擞，观照眼前文字，就像狮子搏兔，牛羊咀嚼，让自我身心活跃起来。

小春： 多么美好的感觉呀！

阿青： 博士的这篇文章所探讨的是读书方法，也是思维方法，也是我们理解李大钊这位伟大革命家的方法。

博士： 书需这样才算是阅读，事需这样才算是懂得，人需这样才算是认识。

小春： 关于传统文化，习近平总书记曾经对大学生说过很重要的一段话，与我们今天的谈话有关，我不记得具体内容了。

阿青： 2013 年 3 月习近平总书记在中央党校 80 年校庆时的讲话：“中国传统文化博大精深，学习和掌握其中的各种思想精华，对树立正确的世界观、人生观、价值观很有益处。学史可以看成败、鉴得失、知兴替；学诗可以情飞扬、志高昂、人灵秀；学伦理可以知廉耻、懂荣辱、辨是非。”

小春： 是的，就是这段话。这就不难理解李大钊的世界观、人生观、价值观以及高尚人格的形成了。

博士：总书记是高屋建瓴，从历史与现实的多元视角，把传统文化的地位提升到新中国成立以来最新的高度。

阿青：这也是“人能弘道”的道理。传统与文化，有地位才能昭著，昭著才能广泛传播。这是对中华文化的伟大贡献。

小春：博士谈到的五个阅读经验，其中的“反复求诚”一项，我初读以为懂了，再读又似乎有很多疑难，却不知该如何求教。

博士：小春可以不把“求诚”当作知识来看，对于古代的读书人而言，它是一门功夫。

小春：像武功、气功吗?

博士：非也。功夫功夫，其实就是付出时间获取能力的过程，而连在中间的当然就是方法。所谓求诚，就是对事物以及自我的反复认知，让你看到单一的真相，以及多元的实况。譬如读小学的孩子在学校弄坏了公物却不承认，跟老师说谎了，母亲应该怎么做才是对的呢？直接告诉孩子“说谎是错误的”，那就太简单了。跟孩子说“小孩子说谎不要紧”过犹不及同样也是不合适的。怎么去找到“合适”呢?这就不仅是育儿知识的问题了，这是人类之爱的问题。在他烦恼的时候，你爱他，你就会想知道他内心的感受，对吧?!

小春：是的，应该先了解孩子为什么说谎。

博士：对呀，小春已经做到了一个“诚”。一问一答，孩子首先透露自己有所担忧，他所害怕的是“遭到批评”，尤其是“告诉家长”。这都是最具杀伤力的，对小学生而言。那么，母亲该怎么做呢？已经掌握了“口供”就直接检举自己孩子吗？

小春：绝对不可以那样做！要问清是不是故意弄坏的，然后区别对待。就算是故意的，还得再问清为什么。

博士：好呀，小春又做到了一个“诚”。你看，似乎这位母亲在诚心对待自己的孩子，但又似乎是在对待自己的诚心。

小春：请问博士，要想做到最好，家长们是不是需要去专门学习儿童教育知识呢？

博士：知识固然重要，但不是关键。有了知识，缺少关键，与没有知识差不多。有了关键，知识不够都不要紧，人会像海绵吸水一样自动吸收知识。

小春：博士说得好神秘呀。快告诉我吧，那个关键是什么？

博士：那个关键就是“爱”。母亲能够用同理心体贴自己的孩子，是因为有爱。孩子不快乐，母亲也就不快乐。为了恢复那个最好的状态，人就会付出爱。爱是用来换取快乐的一种付出，没有快乐就没有真爱。李大钊先生为革命而牺牲，来自他对党和国家人民的大爱。

小春：让我好好想想……

阿青：爱，是母亲所求的唯一的也是最后一个“诚”。

博士： 阿青一语中的。这就是古人“求诚”的功夫，为了让自我的心不偏不倚、无往不胜。

小春： 多么美好啊！从今天开始，我也要修炼“求诚”的功夫！

阿青： 祝福小春！其实儒家的格物致知诚意正心修身齐家治国平天下，所求的就是向往李大钊等先烈倡导的一个人人幸福的大同世界。

博士： 是的，也是“至善之境”。所以这样的理想，才能催生这样的文化，才能哺育李大钊、毛泽东这样的伟人。

阿青： 博士的这篇读书心得，本身就是一个“境界”，一个可以让心灵安居的地方。其遣词造句，字里行间，都弥漫着祥和的气氛。

博士： 谢谢阿青的赞美，感谢小春的认真阅读。你们年轻人欣逢伟大的时代，要多学习，成为习近平总书记要求的“堪当大任”的人，我也要学习，努力成为培养时代新人的“大先生”。我们更要共同学习、怀念李大钊等革命先烈，珍惜他们用生命为我们创造的青春之中国。

小春： 博士再见！

阿青： 博士再见！

后记

七律·书稿既成有感

掩卷深宵气不平，
欲招雷电共君听。
长驱热血化狂飏，
尽扫余悲对晚晴。
频梦孤舟千嶂立，
一壶浊酒大江横。
东方红彻巨龙醒，
已报晨钟到列星。

18 世纪德国著名诗人席勒说过一句话：人要忠于自己年轻时的梦想。在 20 世纪初，就有一批这样意气风发的中国青年为实现自己心中的梦想而百折不回，直至献出宝贵的生命，李大钊就是其中最杰出的一位。

中学的时候，因为语文课外阅读，开始接触到李大钊先生的文字。最初的亲近感，还是因为他的一首诗。李大钊在 1916 年春写了一首《口占一绝》：“壮别天涯未许愁，尽将离恨付东流。何当痛饮黄龙府，高筑神州风雨楼。”这首诗表达了作者改变山河、再造神州、矢志奋斗的气度和决心，读来让人心生敬意、血脉偾张。对于我来说，除了这首诗的思想内容之外，还有另外一种特别的情愫，因为诗中提到了黄龙府，即吉林省农安县，这是我生与长的家乡，是抗金英雄岳飞剑光所指，江山北望，“待从头收拾旧山河”“与诸君痛饮”的地方。

李大钊对“青春”的讴歌，总是让年轻人心潮澎湃，热血沸腾。“青年之文明，奋斗之文明也，与境遇奋斗，与时代奋斗，与经验奋斗。故青年者，人生之王，人生之春，人生之华也。”这声音就如洪钟大鼓，叩打心弦。

经过一代又一代中国共产党人的不懈奋斗，如今的中华大地生机勃勃、春意盎然，实现了再造神州、振兴中华的宏伟目标，大钊先生在天有灵，一定会倍感欣慰的。

正值中国共产党建党百年之际，吉林人民出版社策划了《创造青春之中国——走近李大钊》这部作品。接到这个不同寻常的写作任务，我的心里有一种莫名的紧张，唯恐自己不能把这样一位中共历史上伟大的人物立体地展现在读者面前。为此，我做了大量功课，认真学习了《李大钊全集》，查阅了一系列回忆文章和有关资料。在这个过程中，我不断感受到灵魂的洗礼，时而感动于他无所畏惧的牺牲精神，时而陶醉于他富于思辨的壮美文字，时而折服于他胸怀天下的伟大人格。

为了真正走近李大钊，我走访了李大钊研究会、李大钊先生的后人和有关党史专家。让我深受感动的是，李大钊烈士之孙李建生先生对我的热情接待和悉心指导。他抽出时间认真通读文稿，反复订正史实，并欣然同意为本书作序。从李建生先生身上我看见了革命先烈严谨、务实、淳朴、谦虚家风的血脉传承。本来《李大钊传》的作者朱志敏先生也是我要重点拜访的，他的著作给我提供了丰富的参考资料，而且他是吉林省梅河口市（原海龙县）人。但是朱志敏先生在2016年就已经因病去世了，在此谨向朱志敏先生表达我由衷的感谢和深切的悼念。

关于这本书的写作方式，我也斟酌了很长时间，最终还是觉得课堂的问答和朋友间的讨论更容易接近那段历史，更便于把我自己的以及走访讨论得来的观点和信息，尽可能生动地纷呈给读者。我觉得这样可以使表达更轻松灵活，不落窠臼，让静止的文字贯穿着想象的脉络，方便青少年读者阅读和接受。有人问我，文中的阿青、博士和小春，到底哪个人是你？应该怎么说呢，似乎都是，又都不是。说不是，是因为这三个人是根据写作的需要而虚构的，他们代表着不同的社会群体；说是，是因为这三个人是我表达的载体，他们的每一句话都需要我来负责。这就像一部剧本，每个角色都是为表达作者的创作意图服务的。同时，每一个角色又都有着各自的人设，都有来自生活的典型形象的参考，在生活中这样的人也是我所喜爱的师友。我希望这种叙述方式能够缩短读者与历史事件的时空距离，使读者随着人物对话更自然地走近李大钊先生。

由于专业和能力所限，本书还有很多不完善的地方，恳请方家批评指正。感谢所有支持这本书创作出版的各界朋友们，感谢所列参考书目的作者和编者，感谢广大读者的热情垂阅。

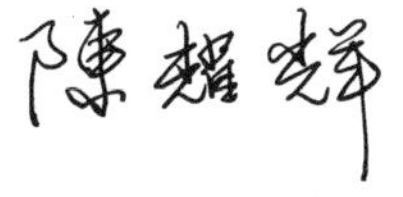

2021 年 5 月于长春

参考书目

[1] 李大钊 . 李大钊全集 :1—5 卷 [M]. 北京 : 人民出版社 ,2006.

[2] 朱志敏 . 李大钊传 [M]. 济南 : 山东人民出版社 ,1998.

[3] 李大钊 . 李大钊诗文选集 [M]. 北京 : 人民文学出版社 ,1981.

[4] 北京大学图书馆，北京李大钊研究会 . 李大钊史事综录 [M]. 北京 : 北京大学出版社 ,1989.

[5] 张静如 . 李大钊生平史料编年 [M]. 上海 : 上海人民出版 ,1984.

[6]《李大钊年谱》编写组 . 李大钊年谱 [M]. 兰州 : 甘肃人民出版社 ,1984.

[7] 许德珩 , 李葆华 , 楚图南 , 等 . 回忆李大钊 [M]. 北京 : 人民出版社 ,1980.

[8] 李葆华 . 我的父亲李大钊 (回忆文章) .

[9] 李星华 . 回忆我的父亲李大钊 [M]. 上海 : 上海文艺出版社 ,1981.

[10] 中共中央党史研究室 . 中国共产党历史 : 上卷 [M]. 北京 : 人民出版社 ,1991.

[11] 中国社会科学院近代史研究所 . 白坚武日记 : 第 1、2 册 [M]. 南京 : 江苏古籍出版社 ,1992.

[12] 韩信夫 , 姜克夫 . 中华民国大事记 : 第 1、2 册 [M]. 北京 : 中国文史出版社 ,1997.

试看将来的环球，必是赤旗的世界